LA CARIDAD VISITA A GEORGE

PROLOGO

Quiero darle las gracias a Dios por haberme dado la inspiración y creatividad de escribir mi primera historia, que después de trabajar por 30 años en el Servicio Público y al retirarme, comencé a trabajar en la Egida e Institución el Paraíso. Fue ahí donde nace la idea de escribir. Comencé con un borrador corto y luego de consultar con mi Madre espiritual Rosinín Rodríguez Pérez, a mi Padre espiritual Teófilo Vargas Seín, (Aarón), que me dieron la bendición y recibiera de ellos las enseñanzas y valores espirituales. También agradezco a la Dra. Gladys Acosta por guiarme hacia donde tenía que ir para formar el borrador en un libro, lo cual agradezco de todo corazón que me hayan apoyado en este proyecto.

Siempre quise que este libro estuviera marcado por muchas situaciones que me ocurrieron durante mi niñez. Pero que a la misma vez pudiera darle un poco de drama-comedia y ficción para que le agradara al lector que lo leyera siendo una historia entretenida y divertida.

Para hacer un libro un escritor necesita un equipo de personas que lo ayuden en su desempeño gente que crean en ti como mi esposa Brunilda (Bruny), personas que te inspiren tus ideas como Ana Ocasio y Arlen Candelaria, las oficinistas administrativas, el editor y representante ante la casa editora que prefieren quedar en el anonimato. Los ingenieros en diseño de dibujos Abert Ortiz y José Aponte, quien fueron las personas en diseñar la carátula del libro. También a la Lcda. Priscilla Toledo que me asesoro y ayudó en los trámites para registrar mi libro. A todas estas personas, mi equipo de trabajo, de corazón muchas gracias, porque sin ustedes esto no fuera realidad hoy.

CAPITULO I

Es 20 de enero de 2013 y amanece en la bella Isla del Encanto. En un pequeño pueblo llamado Otado, un matrimonio se levanta a trabajar al sonido del canto de los gallos y del coquí. Mientras, sus dos hijos Nélida y Pierce se preparan para ir a la escuela. Doug Ville, el padre, trabaja en el Municipio del pueblo de Otado como chofer del alcalde. Angelina, la esposa de Doug, es secretaria de la Oficina de Finanzas del mismo municipio. Nèlida está terminando el decimosegundo grado. Su sueño es convertirse en una Pediatra, pues aparte de que le encantan los niños, le gustaría tener una profesión para ayudar a los seres menos aventajados. Su hermano Pierce viajará a los Estados Unidos a estudiar, pues quiere convertirse en operador de trenes, a él le apasionan los trenes. Doug y Angelina no se oponen a las decisiones de sus hijos, pues piensan que deben ser independientes, de hecho ya están buscando un apartamento-estudio para que Pierce se aloje durante el tiempo que esté estudiando en los Estados Unidos de América.

Mientras tanto en otro hogar del mismo pueblo y cerca de los Ville, reside la familia Jackson. El matrimonio también trabaja para el alcalde del mismo Municipio. Estos son Bratt Jackson quien es el Asesor Legal del Alcalde y su esposa Amy, quien funge como Directora de la Oficina de Compras del Municipio. Ellos procrearon dos hijos, el mayor Phillip, quien está terminando decimosegundo grado en la escuela superior de un colegio privado cerca de la Alcaldía de Otado. Phillip quiere estudiar leyes, como su padre Bratt. El es un joven honesto y respetuoso, que a pesar que lo tiene todo en su hogar desea independizarse. Su hermano menor Esteban aún no ha decidido qué profesión estudiar. A éste le encanta el campo y pasa mucho tiempo con los caballos de su padre.

Llegó el mes de agosto y los padres de Nèlida la dejan alojada en un pequeño apartamento estudio en la ciudad de San Juan, donde vivirá hasta que termine sus estudios en Pediatría. Su sueño es abrir una oficina en su pueblo natal para dar servicio a niños de escasos recursos. Phillip también va de camino a la ciudad donde vive su tío Dan, cerca de la universidad donde comenzará sus estudios en leyes. Él se estará hospedando en un apartamento que tiene Dan en la parte trasera de su casa, aunque éste vive solo pues su esposa murió de una maligna enfermedad y sus dos hijos residen en Orlando, Florida, Phillip prefiere mantener su privacidad.

Comienza el nuevo semestre de clases, ya tanto Nélida como Phillip están instalados en sus respectivos lugares. Cerca de donde residen hay un restaurante de comida rápida. Phillip llega y ordena hamburguesa con papas fritas y una bebida. Nèlida entra al mismo restaurante de comida rápida. Cuando llega su turno, la cajera la llama para ordenar y tropieza con Phillip quien viene caminando despistado. A éste se le cae la bandeja al piso. Nèlida se disculpa y le dice que le pagará su comida, entonces Phillip contesta: "No, no, fue culpa mía por no haber tenido precaución. No te preocupes, ordenaré nuevamente." Nélida casualmente había ordenado la misma oferta económica que èl y va en busca de un lugar para sentarse. Había muchas personas en el restaurante y todas las mesas ocupadas, pues era la hora de almuerzo. Por fin se desocupa una mesa de dos comensales y Nélida se sienta.   Luego de reordenar y servida su comida, Phillip comienza a buscar un lugar para sentarse a almorzar. Al pasar su mirada en los alrededores, localiza la mesa donde esta Nèlida comiendo. Le pregunta que si se puede sentar, ya que hay una silla vacía. Ella lo mira seriamente y accede a que se siente. Phillip de manera cortés le desea que tenga buen provecho. Nélida con una mirada tímida le responde "igualmente". Se mantienen callados por unos momentos, luego Phillip le pregunta si es estudiante, a lo que Nèlida le responde en afirmativa, pero se mantiene callada. Phillip le hace la segunda pregunta: "¿Qué estudias?" "Pediatría", contesta Nèlida parcamente. El espera más conversación de parte de ella y le hace la tercera pregunta ¿De dónde eres? "Del pueblo de Otado" responde Nèlida. ¿De Otado? Pregunta Phillip en forma sorpresiva, de ese pueblo soy yo. Ella lo mira y le dice "Nunca te he visto en Otado". Responde Phillip "Yo tampoco te he visto antes, mi padre es el asesor legal del alcalde y todo el mundo en Otado lo conoce. Mi madre también trabaja en el Municipio, ella es Directora de la oficina de Compras". Nélida no le muestra mucha confianza. No obstante Phillip continúa conversando y logra que ella le hable. "Mis padres también trabajaron en el Municipio de Otado, hace poco se jubilaron luego de haber laborado por 30 años," dice Nèlida. ¿Quién es tu padre? Pregunta Phillip. "Mi padre era chofer del alcalde" contesta ella. "Caramba yo creo que mi padre lo debe conocer, tu sabes que en los pueblos todo el mundo se conoce" dice Phillip. Tal vez yo lo conozca por que mi padre me llevaba a la alcaldía en ocasiones.

Ya Nèlida había terminado de almorzar, se levanta, le dice buen provecho a Phillip y se marcha hacia su apartamento. Nèlida es una joven inteligente, educada por sus padres con principios y valores morales, por eso es bien cautelosa. Phillip termina de comer y se dirige hacia la universidad. Nèlida ya en su apartamento, luego de haber terminado su día de clases llama a su madre para informarle como se encuentra. Su madre le dijo que se cuidara mucho y se concentrara en sus estudios. Phillip por su parte cuando llega a su casa de la universidad se sienta a ver un pequeño televisor y a la vez hojea un viejo periódico.

CAPITULO II

Pasan los días y tanto Phillip como Nèlida están concentrados en sus respectivos estudios. Sus hogares quedan cerca del restaurante de comida rápida, por lo que consideran ir nuevamente hoy a buscar de comer. Nélida ha tenido que acostumbrarse a aprender a cocinar, pues mientras vive con sus padres ellos se encargan y se alternan en la cocina, pero hoy está cansada. Ordena unos "nuggets de pollo" con papas fritas y refresco. Mientras está comiendo, entra Phillip al restaurante. Camina hacia el mostrador para ordenar y ve a Nèlida ya sentada, se acerca a y la saluda y le dice "buen provecho", a lo que ella le contesta "igual para ti". Esta vez parece que Nélida ha perdido un poco la timidez ante Phillip, quien se comporta como un caballero. Luego de ordenar su comida y servida ya, él se dirige hacia Nélida y pide permiso para sentarse juntos. Ella acepta, él le pregunta si están buenos los "nuggets" a lo que ella le contesta que sí. Phillip nota que ella está un poco más cómoda con su presencia que la primera vez que conversaron. El trata de ser cauteloso y paciente para llegar a ella. Ya más relajado, Phillip toma nuevamente la iniciativa en la conversación. Es la primera vez que tiene una plática con una dama con las cualidades de ella, por tal razón buscó la manera de sentarse en frente de Nélida para conocerla mejor y tratar de tener una relación de amistad. Phillip es un joven que toda su vida ha vivido en el campo y con su familia, por lo que ha visto en la amistad de Nelida un refugio fuera de su hogar. Trata de ser caballeroso en su trato y expresiones hacia ella para evitar alejamiento. Phillip sabe que Nélida es estudiante de Pediatría, por lo que prosigue su conversación diciéndole que a él le gustan mucho los niños y que además de leyes la pediatría es una profesión que le gusta, pero escogió leyes más bien por complacer a su padre. Ya en esta etapa Nélida se siente con más confianza hacia Phillip y continúan conversando. "Fíjate, yo hubiese querido que mis padres me hubiesen dado más hermanos, sólo tengo un hermano menor", le dice Phillip. Nélida responde, "en eso coincidimos, en una ocasión cuando era niña le dije a mis padres que quería tener muchos hermanos. Lamentablemente mi madre tuvo muchas complicaciones en el embarazo de mi hermano menor y decidió no tener más hijos por recomendación médica"

Ya Nélida ha terminado de consumir sus alimentos y desea marcharse a su apartamento, mira hacia la calle y se da cuenta que ha anochecido. Es la época del año que oscurece temprano. Un poco asustada, ella le comenta a Phillip que sin darse cuenta ha llegado la noche. Phillip le responde que son las 6:00 de la tarde, pero que no se preocupe porque él la puede acompañar a su casa. Es la primera vez que esto le sucede a Nélida desde que vive en San Juan. Vuelve Phillip a ofrecerse a acompañarla a su casa, ella se queda un poco pensativa, luego acepta que él la escolte hasta la entrada de su apartamento.
Al llegar frente al edificio, ya Nélida se siente más segura, los dueños de edificio están sentados en el balcón. Ella los saluda y le comenta que en esta época oscurece temprano. Le presenta a Phillip y le informa que él también es de Otado y la acompañó hasta allí para que no caminara sola de noche. Nélida se despide de su ahora amigo Phillip y èste se marcha a su casa. Los dueños del apartamento de Nélida le comentan que Phillip parece buena persona, a lo que ella contesta que por esa razón ella le permitió que la acompañara.

Ya en el receso del fin de semana Phillip se queda en la ciudad, pero Nélida se dirige su hogar en Otado. Al llegar a casa, es recibida por sus padres con un fuerte abrazo. Ya todos sentados en la sala, sus padres quieren saber cómo le va en la ciudad y en la universidad. Ella piensa que si le habla de Phillip sus padres, tal vez no lo aprueben, ya que el interés de ellos es que se concentre en estudiar. Realmente es lo contrario porque ellos lo conocieron de niño y conocen sus cualidades y buenos valores. Nèlida no lo sabe y no se anima a hablar del tema. Su madre continúa interrogándola, ya que quiere saber todas sus experiencias en San Juan. Nélida se torna pálida, nerviosa y ya no puede ocultar a su madre el encuentro con Phillip. Comienza a narrarle muy cuidadosamente como conoció a su nuevo amigo. "Mami" le dijo, "anocheció mientras estaba comiendo en el restaurante y me dio mucho miedo, por lo que le permití que me escoltara hasta el frente de mi apartamento. El me dijo que su padre trabajó como asesor del alcalde". "¿Cual es su nombre"? pregunta Doug. "Bratt Jackson", contesta Nélida. "¡Con que conociste al hijo de Bratt Jackson!" exclama Doug. "El es mi amigo, nosotros andábamos juntos en el Municipio". Entonces sus padres le hablaron positivamente de su joven amigo. Ahora Nélida se siente más tranquila, pues pensó que sus padres la podrían reprender por su amistad con un desconocido.

CAPITULO III

Luego del fin de semana, Nélida regresa a la ciudad para tomar sus clases, mientras que Phillip estudia para exámenes. Varios días más adelante vuelven a encontrarse en el restaurante. Ella llega primero y él minutos más tarde, ya cuando Nelida está ingiriendo sus alimentos. Phillip con bandeja en mano se acerca a su amiga y muy cortésmente como suele ser, pregunta si se puede sentar. Ella ahora más sonriente que en ocasiones anteriores le dice que sí, Phillip le estrecha la mano para saludarla y le pregunta cómo está. Nélida le responde que se encuentra bien, le saluda de igual manera y continúa comiendo sus alimentos. Luego de varios minutos de silencio Phillip le pregunta si había ido a su pueblo durante el fin de semana a visitar a sus padres. Ella contesta; "Sí, le comente a mis padres que te había conocido y me hablaron de ti y de tu papá. Mi padre y el tuyo se conocen, no sé como es que nosotros no nos conocimos antes. Phillip le contesta; "Es posible que coincidiéramos en alguna actividad en el pueblo, porque yo iba de vez en cuando a distintas actividades en Otado, pero no nos veíamos. Ya Nélida aparenta haber entrado en confianza, sonríe y se ve relajada. Phillip hábilmente le comenta a Nélida que quiere conocer a su padre, es una estrategia para allegarse más a ella ya que ha despertado cierto interés por su joven amiga. Nélida está de acuerdo y le da la dirección de la residencia de sus padres. Phillip le pregunta si ella irá para Otado durante el fin de semana y ella le contesta que siempre va los fines de semana. Entonces él le confirma que el próximo domingo en la tarde los irá a visitar. En esta ocasión terminaron de comer temprano, pero Phillip le pregunta a Nélida que si la puede acompañar a su casa, y ya sintiendo más confianza, ella acepta. En esta etapa ya le gusta la amistad de él y se siente cómoda en su compañía. Ya en frente de la casa se despiden para ir a descansar.

Llega el domingo y Phillip en casa de sus padres en Otado se prepara para ir a visitar los padres de Nélida. Su madre Amy de manera asombrada y sonriente le pregunta: "¿Vas a una fiesta?", "No mamá" le contesta Phillip, "voy a visitar un amigo de papi". "Un amigo de tu padre, para eso te perfumas y te vistes tan bien como para una ocasión especial? Vamos hijo dime la verdad ¿Estas enamorado?" No mamá, contesta Phillip. Conocí a una muchacha de este pueblo en San Juan que ahora es mi amiga y me habló de su familia. Resulta que su padre trabajó como chofer del alcalde y ella me dijo que sus padres me conocen. Ellos viven a unas pocas millas de aquí. Su madre sonriente le pregunta "¿Y para esa visita te debes perfumar tanto?" "No, es que he desarrollado el gusto por el buen perfume, además mi amiga es una muchacha elegante y no me quiero quedar atrás", bromea Phillip. Luego besa a su madre y se marcha a visitar a los Ville.

Al llegar frente a la casa en su auto, lo reciben perros ladrando, impidiendo su salida del mismo. Sale al balcón Doug, el padre de Nèlida y se da cuenta que Phillip no puede bajar de su automóvil. Éste baja las escaleras y guarda los perros para que no le hagan daño al visitante. Phillip baja de su auto y el padre de Nelida lo recibe con un abrazo y exclama: "¡Mi hijo te has convertido en todo un hombre, hace mucho tiempo no te veía! Recuerdo cuando eras un niño y tu padre te llevaba a la Alcaldía donde él y tu madre trabajaban y también a las caravanas políticas." Doug es un hombre simpático y chistoso, con una personalidad que agrada a todo el mundo. Con mucha confianza hacía Phillip lo invita a que entre a su hogar y tome asiento. De repente sale Nélida de su habitación y saluda a su amigo. Phillip comienza a sudar, Doug se da cuenta que Phillip está sudando y le pregunta qué le sucede. Angelina la madre de Nélida se acerca y su esposo le pide que encienda el abanico para que Phillip se refresque, Phillip se levanta saluda con un abrazo a Angelina, quien no lo reconoce a pesar que cuando niño él corría por su oficina. Phillip se presenta, entonces es que Angelina recuerda aquel jovencito que de vez en cuando sus padres llevaban a su lugar de trabajo. Phillip se siente nervioso en su primer encuentro con los padres de su amiga y está pensando en lo que va a conversar.

El señor Ville le comienza a preguntar sobre sus estudios y carrera profesional. Phillip le contesta que comenzó a estudiar leyes, igual que su padre y Doug le comenta de manera jocosa: "Entonces te tendremos como Asesor Legal del Alcalde, ejerciendo las mismas funciones que tu padre" "Así es, contesta Phillip riéndose, esa es mi meta y con la ayuda de Dios lo voy a lograr!" Ya Phillip se siente más relajado y en confianza. Luego de una larga y agradable conversación con Nélida y su familia, Phillip se despide y agradece la amabilidad para con él. Angelina rápidamente le responde: "Cómo es que te vas a ir, yo estoy cocinando y quiero que nos acompañes a cenar." Phillip se levanta de su asiento, pero Nélida lo detiene y le dice que su madre siempre que tienen visita le prepara comida y le invita a comer junto a la familia y que a ella no le gusta que rechacen su invitación. Phillip se sienta nuevamente y Doug continúa contándole anécdotas vividos junto a su padre Bratt mientras trabajaban para el Municipio de Otado y durante las campañas políticas.

Ya lista la comida, Angelina los llama a la mesa y para sorpresa de Phillip, ella había preparado su menú favorito. Cuando ella le sirve él le pregunta: "Doña Angelina, ¿Cómo sabía que el fricase de pollo es mi comida favorita? "No lo sabía, contesta Angelina, ese es el plato favorito de Nélida y por eso lo preparé en el día de hoy". Phillip se sorprende con la respuesta de Doña Angelina.

Luego de haber cenado y conversado y poco más on la familia Ville, Phillip se despide para regresar a casa de sus padres. Cuando sale para abordar su auto, los perros se soltaron y tuvo que subir arriba de su auto para protegerse, hasta tanto Doug los ata nuevamente a los collares. Phillip aprovecha para entrar al automóvil y se marcha. A los padres de Nélida les pareció que Phillip era un gran joven, humilde y con unas cualidades admirables. Además, sabían que su padre era un hombre respetuoso.

Cuando Phillip llega a casa de sus padres, éstos le esperan y desean saber cómo le fue su visita en casa de los Ville. "Me fue muy bien en casa de Nélida, sus padres me trataron con mucho cariño. Doña Angelina no me permitió partir hasta que no cenara con ellos. Me sirvió mi menú favorito, casualmente es también el plato favorito de Nélida. Parece que ambos estamos coincidiendo en varias cosas. Una de ellas, por ejemplo, es que le gustan los niños y por eso está estudiando pediatría, a mí también pero me decidí por estudiar leyes. Phillip se despide de sus padres, pues debe salir muy temprano en la mañana hacía San Juan ya que tiene clases a las 9:00 a.m. del próximo día y tal vez no los vea antes de partir.

CAPITULO IV

Ya en su apartamento en San Juan Phillip vuelve a pensar en Nélida y recuerda que no le ha pedido su número de teléfono para poder comunicarse con ella. Por el momento teme pasar por su apartamento para evitar que ella se sienta intimidada o abacorada por su presencia. Entonces decide esperar hasta que se vuelvan a encontrar para obtener su número telefónico. También piensa invitarla a visitar a sus padres un fin de semana cuando vuelva a Otado.

Pasan los días y ya Phillip se ha convertido en fanático del restaurante de comida rápida, pues lo frecuenta todos los días con esperanza de reencontrarse con su amiga. Por otro lado Nélida cocina en su pequeño apartamento, por lo que rara vez sale a comer fuera de su casa. Al pasar varios días sin verla, Phillip comienza a pensar de manera negativa, por ejemplo que su visita a la casa de los Ville no fue agradable para esa familia.

Llega nuevamente el fin de semana, Nélida acostumbra a salir hacía Otado los viernes en la tarde. En cambio Phillip se va el sábado temprano. Ya en su hogar el sábado en la tarde, Phillip conversa sobre varios temas con su hermano Esteban, entre ellas sus estudios y sobre su nueva amiga Nélida. "Sabes hermano, de casualidad sus padres conocen a papá y a mamá, trabajaron con ellos en la Alcaldía". Le comenta que lleva una semana sin verla. Su hermano le sugiere que pasen por su casa para saludarla, pero él se niega ya que no quiere que piense que está divinamente enamorado de ella. Prefiere que las cosas fluyan y todo tome su lugar. "Tengo que concentrarme en mis estudios, no me puedo desenfocar para enamorarme en estos momentos. Todo tiene su tiempo, además, no estoy seguro de caerle bien a sus padres, aunque durante mi visita fui tratado muy bien" dice Phillip a Esteban. No obstante en su pensamiento Phillip deseaba encontrar a Nélida en algún lugar en el pueblo durante el fin de semana.

Comenzó otra semana y mientras Nélida estudia en su apartamento en San Juan, también piensa en su amigo Phillip. De momento se da cuenta que es tarde para ir al supermercado y cocinar, por lo que decide dirigirse al restaurante cerca de la residencia. Phillip estaba sentado comiendo y absorto en sus pensamientos. Pensaba que a Nélida no le importaba su amistad, se sentía triste y deprimido. Termina con sus alimentos y cuando sale del lugar se encuentra con Nélida que se dirige al restaurante. Phillip se siente emocionado mientras ella se detiene y lo saluda. "Hola Phillip, ¿Cómo has estado?" "Muy bien contesta él, ¿Cómo has estado tu?" "Bastante atareada con los estudios" contesta Nélida. "No he tenido tiempo para ir de compras, vengo a comer algo para luego ir al supermercado". "¿Que tal si te acompaño?" Pregunta Phillip. "Ya comí pero te puedo acompañar. Nélida le contesta rápidamente que sí la puede acompañar. Phillip entonces más relajado, se sienta frente a ella en el restaurante y espera el momento para pedirle su número de teléfono. Ella come de prisa para evitar que anochezca, ya que debe ir de compras a un supermercado cerca. Termina y se despide de él, no obstante él la detiene para preguntar si la puede acompañar para ayudarle. Nélida se detiene un momento a pensarlo, pero acepta su compañía pues ya existe más confianza entre ellos. Ya en el supermercado Phillip toma un carrito de compras para llevarlo mientras Nélida busca los artículos. Mientras caminan por los pasillos, él le comenta a su amiga que le gustaría aprender a cocinar. "A veces hago tortillas de huevos o sopas, pero me gustaría saber preparar otros tipos de platos, la cocina es un arte", comenta Phillip. "Yo apenas estoy aprendiendo, pues en mi casa en Otado mis padres lo hacen todo, yo apenas preparó café y algunas tostadas. Acá en mi apartamento cocino platos sencillos." Continúan conversando mientras Nélida busca más alimentos. Terminan las compras y Phillip la acompaña hasta su casa, al llegar le entrega los bolsos. Sintiéndose nervioso le pregunta: "Oye Nélida ¿Te puedo dar mi número de teléfono para que en un caso de emergencia me puedas llamar? Sabes que puedes contar conmigo si necesitas ayuda." Ella acepta que le dé su número y también le da el suyo a él. Se despiden y Nélida entra al edificio donde reside. Phillip se dirige a su residencia muy emocionado.

CAPITULO V

Ha llegado el viernes nuevamente y como de costumbre Nélida se dispone a salir para la casa de sus padres durante el fin de semana, aprovechando el receso de la universidad. Viajando en automóvil por la avenida principal se detiene ante un semáforo que está rojo. Cuando cambia el semáforo a su favor ella prosigue la marcha, otro auto no se detiene ante el semáforo rojo y la impacta por el guardalodos derecho de la goma delantera causándole daño a su auto. Éste tiene que ser llevado por una grúa frente a su apartamento, hasta tanto el seguro le pague la reparación ya que no puede continuar la marcha. Con mucha cautela Nélida llama a su madre en Otado y primeramente le deja saber que ella se encuentra muy bien y luego le cuenta lo sucedido. Le explica que no va a poder llegar a su casa hasta tanto su auto sea reparado.

Mientras pasan los días, Phillip en su cuarto y sin ver a Nélida hace algún tiempo, toma su teléfono celular y comienza a buscar el nombre de su amiga. Cuando ve el nombre de Nélida, intenta marcarlo, pero luego se arrepiente, pues teme afectar adversamente su bonita amistad. Decide esperar más tiempo antes de contactarla. Días más tarde vuelven a coincidir en el restaurante de comida rápida. Nélida está comiendo el menú de siempre, pues no es muy amante a este tipo de alimento, prefiere la comida criolla. Phillip en esta ocasión con bandeja en mano se sienta automáticamente al lado de su amiga. Se da cuenta que no le ha pedido permiso para sentarse frente a ella y se disculpa cortésmente. Nélida le contesta por primera vez muy sonriente, "No tienes que disculparte, está bien". Phillip entusiasmado le pregunta cómo le van sus estudios, a lo que ella le contesta que está en el proceso de exámenes. También le pregunta por sus padres. Nélida le explica que no ha podido verlos recientemente debido al accidente que tuvo con su auto al dirigirse a Otado la semana anterior." Phillip dispuesto como siempre, le propone llevarla a ver a sus padres el próximo viernes o durante el tiempo necesario hasta que le reparen su auto. Nélida le contesta: "Te agradezco tu amabilidad, pero por ahora me quedaré los fines de semana en San Juan para continuar estudiando para mis exámenes finales." Luego Nélida se levanta y despide de Phillip, pero éste se ofrece para acompañarla hasta su apartamento y ella está de acuerdo.

Ya en su habitación Nélida decide llamar a casa de sus padres y su papá contesta el teléfono. "¿Hija cómo estás?" Pregunta Doug. "Papi, deseosa por verlos. ¿Cómo está mami?" "Está acostada, no se siente bien." Contesta Doug. Nélida muy preocupada le dice "Quiero ir a verlos, pero aún no me han entregado mi auto reparado. Phillip se ofreció a llevarme a Otado. ¿Qué opinas?" "Bueno hija por lo que conozco me parece un hombre honrado como su padre, demuestra ser una persona honesta y sincera." Ya con las palabras de su padre Nélida se siente más cómoda que su amigo Phillip la lleve a casa de sus padres.

Al día siguiente, jueves en la noche, Nélida llama a Phillip por teléfono, quien se encuentra estudiando. Cuando suena su teléfono celular y se da cuenta que es ella contesta muy entusiasmado "¡Hola Nélida!" "Hola Phillip, disculpa que te llame a esta hora, es que quiero saber si piensas ir a ver a tus padres este fin de semana." "Sí Nélida, tengo esos planes". "Crees que me pueda ir contigo" contesta ella tímidamente. "Con mucho gusto, sabes que yo te le sugerí" contesta Phillip. "¿A qué hora debo estar lista? "¿Puedes mañana a las 5:00 de la tarde?" "Sí me parece bien, estaré lista a esa hora."

Llegó el viernes en la tarde y Phillip un poco tenso y nervioso se apura a dejar todo en orden antes de salir a buscar a su amiga. Ya frente al apartamento de Nélida la llama desde su teléfono para informarle que llegó. Ella mira su reloj y nota que son exactamente las 5:00 de la tarde. Le contesta que va saliendo. Ya frente al auto Nélida abre la puerta trasera y se sienta. A Phillip le parece curioso que se sentara en asiento trasero, pero no se incomodó ni se molesta, pues para él por ahora no es importante dónde se haya sentado su amiga. De todas maneras la puede mirar por el espejo retrovisor mientras conduce. Phillip comienza a bromear y le dice a Nélida: "Es la primera vez que sirvo de chofer a una persona tan importante como usted señorita Ville." Nélida le regala una hermosa sonrisa que llena a Phillip de alegría.

Durante el camino a Otado conversan todo el tiempo y se conocen más. Al llegar, Phillip se baja rápidamente de su auto para abrir la puerta para Nélida y muy cortésmente la ayuda con sus pertenencias, mientras Doug observa desde su sillón en el balcón. Luego Doug se levanta y camina hacía Phillip para saludarlo y le da un fuerte abrazo. "!Gracias por traerme a mi hija! Estoy sumamente agradecido de ti." le dice Doug. "No hay que agradecer, estoy para servirle don Doug" contesta Phillip. "Por favor entra a nuestra casa, te preparo un café" dice Doug. Phillip aceptó la invitación del padre de Nélida, y entra a la sala del hogar dónde ella le ofrece un asiento. Mientras su padre le prepara el café a Phillip, Nélida se dirige a la habitación de sus padres para ver a su madre, pero antes pasa por la habitación de su hermano Pierce, quien sale asombrado al verla. Luego de saludarlo le pide de favor que atienda a su amigo Phillip en la sala mientras su padre le prepara un café y ella va a ver a su mamá.

Ya en la habitación Nélida se confunde en un largo abrazo con su madre. ¿Mami, que te sucede, cómo te sientes? Pregunta Nélida. Angelina le contesta: "Mi hija, simplemente tengo una fuerte gripe que me ha mantenido acostada. Estoy tomando medicamentos que me causan mucho sueño, pero ya me siento mejor. Tu padre es muy exagerado". Doug está en la cocina, confunde la sal con el azúcar y le sazona el café de Phillip con sal. Pierce y Phillip aún están conversando de forma muy amena. Pierce le habla sobre su partida en pocos días hacia los Estados Unidos para estudiar y cumplir su sueño de convertirse en un operador de trenes. En esos momentos Doug aparece con el café y se lo entrega a Phillip. Al éste tomarlo cambia su rostro drásticamente. Sorprendido Pierce le pregunta qué le ocurre. Phillip sonriendo le contesta que está salado. Doug inmediatamente y avergonzado se disculpa toma la taza de las manos de Phillip y se la lleva a la cocina para preparar otro café y regresa. Pierce y Phillip continúan conversando hasta por un rato, luego Phillip le desea el mayor de los éxitos en sus estudios y su vida en Estados Unidos. Pierce tiene una impresión positiva de Phillip, piensa que es respetuoso, humilde y serio. Mientras tanto Nelida está conversando con Angelina quien le pregunta cómo le va. Su hija le contesta que le va muy bien en sus estudios y su residencia, pero se siente triste porque está lejos y extraña a su familia.

"Espero en Dios y si nada cambia, poder estar con ustedes aquí nuevamente cuando me gradúe" dice Nélida a su madre.

Ha pasado un rato desde que llegó Nélida y le dice a su madre: "Bueno mami es tarde, y dejé a Phillip con Pierce y papi en la sala, voy a ver si no se ha marchado a casa de sus padres. Entonces Angelina le pide a su hija que haga pasar a Phillip a su cuarto para saludarlo y agradecerle que le haya traído a Nélida a verla. De repente vino a su memoria una experiencia que tuvo con el hijo de Bratt y Amy Jackson cuando era niño y ella trabajaba en la Alcaldía.

Mientras tanto Nélida camina hasta la sala en busca de su amigo e interrumpe la conversación entre su padre y hermano con él. "Phillip por favor, puedes pasar por la habitación de mi mamá, ella desea saludarte" le dice Nélida. Phillip rápidamente se pone de pie y contesta: "Será un placer saludar a doña Angelina". Nélida lo lleva hasta donde se encuentra su madre y ella lo recibe con emoción y lagrimas en sus ojos. Lo saluda efusivamente y le pregunta por sus padres. Luego comienza a expresarle a Phillip lo agradecida que está de él, por haberle salvado la vida cuando aún el era un niño.

Narra Angelina que estaba trabajando en el cierre de año fiscal, ya casi todos los empleados habían salido. Su oficina estaba ubicada al lado de la de Amy Jackson, la madre de Phillip, quien era directora de la Oficina de Compras. Angelina recuerda que siempre tenía chocolates en su escritorio y a Phillip le gustaban mucho. En las ocasiones que lo llevaban a la Alcaldía a esperar por su mamá, siempre pasaba por la oficina de Angelina y ella le daba varios dulces. En una de esas ocasiones y ya un jovencito sale del colegio y lo llevan a esperar por Amy, luego de saludar a ésta, se va a una oficina desocupada a estudiar. Repentinamente Angelina tiene un percance de salud y cae al suelo. El niño Phillip escucha el ruido y corre hacía su oficina en donde la encuentra en el piso y trata de ayudarla. Angelina trataba de explicarle al niño que se le acabó el medicamento que la ayuda con su problema respiratorio. El niño ve el envase del medicamento, intenta rociarlo pero se da cuenta que sí está vacío. Phillip sale corriendo con el envase en mano, le avisa a su madre y continúa corriendo hacía la farmacia que estaba cerca del edificio. Amy comienza a hacer llamadas telefónicas buscando auxilio. Mientras tanto Phillip se acerca al farmacéutico, le cuenta lo sucedido y le enseña el medicamento que necesita la Sra. Angelina Ville. El farmacéutico, que conoce a la paciente y al joven Jackson, le entrega el medicamento y se comunica con la oficina de Amy para informarle que el medicamento fue entregado a Phillip. Rápidamente el joven llega hasta donde Angelina y le aplica el medicamento y fue así que ella pudo mejorar su respiración. Al oír esta historia Phillip se sintió muy contento y recordó aquel momento en su vida. Nélida le dio un abrazo fuerte a su madre, quien tenía lágrimas en sus ojos. Continúa narrando Angelina que al lugar llegó el Alcalde con su padre y los paramédicos, pero ya ella se sentía mejor. Nélida estaba sorprendida y sintió agradecimiento hacía Phillip por haberle salvado la vida a su madre.

Terminado el tema, Phillip mira el reloj y se da cuenta que es tarde. Muy sonriente le dice a Nélida, "Hoy a quien le sorprendió la noche fue a mí". Nélida sonríe a carcajadas y le contesta; "Lamento no poder acompañarte a tu casa". Ambos sonríen a carcajadas.

Phillip se despide muy cordialmente de Nélida y Angelina y éste sale de la habitación. Nélida le da un fuerte abrazo a su madre, quien le dice: "Mi hija, Phillip es un joven con grandes valores, talentoso, humilde y muy humano. Conozco a su familia y fue criado con amor y respeto, por eso apruebo la amistad entre ustedes". Nélida se siente contenta con las palabras de su madre.

Ya casi termina el fin de semana, Phillip pasa a recoger a Nélida a su casa y de camino a la ciudad es notable la alegría en ellos. En esta ocasión, ella se sienta al frente. Conversan con más confianza y ríen por todo como los adolescentes.

CAPITULO VI

Pasados varios meses de encuentros continuos, Phillip le declara a Nélida su admiración y amor por ella y que le gustaría formalizar su relación. Ella acepta, no obstante le pide que hable con su padre para poder formalizar su noviazgo. Pronto Phillip fue a visitar a los padres de Nélida para hablarle de sus sentimientos y propósitos para con su hija. Muy gustosamente tanto Doug como Angelina estuvieron de acuerdo y con mucho gusto aprobaron el noviazgo y lo aceptaron para que en un futuro formara parte de su familia.

Luego de la aprobación de la relación de Nélida con Phillip, van de regreso a la ciudad. Nélida se dirige a Phillip; "Mi amor, falta la aprobación de tus padres, no sabemos como reaccionarán ellos al enterarse de nuestra relación". Phillip se siente en las nubes al escuchar por primera vez que su novia le llama *"mi amor"*. El también se dirige a ella; "Mi amor, les he hablado mucho de ti a mis padres. Ellos son muy amorosos y cariñosos, de seguro que le vas a agradar cuando te conozcan personalmente. "Vamos a coordinar una visita pronto para que se conozcan.

Llega nuevamente el fin de semana, es viernes y aunque el auto de Nélida ya ha sido reparado, se ha acostumbrado a viajar con Phillip. Este pasa a recogerla y luego de recorrer muchos kilómetros y conversar extensamente sobre sus planes futuros, llegan al anochecer a la residencia de los Jackson en Otado.

Phillip abre la puerta de la casa de sus padres y entra con Nélida. Bratt y Amy están sentados en la sala esperando por ellos. "Papá, mamá, les presento a Nélida, mi novia. Muy impresionados con la belleza de la joven, los padres de Phillip se levantan a saludarla. Bratt se queda boca abierta, Amy toma la iniciativa y le da un abrazo que la estremece de la emoción. "Eres más bella de lo que me imagine, luces radiante y hermosa; le dice Amy". Bratt reacciona y le da un fuerte abrazo a su futura nuera; "Mi hija, te llamó así porque nunca tuve una, pero de este momento en adelante te considero como una hija. Nélida un poco tímida, pero emocionada se confunde en un abrazo con el padre de su novio.

Conversan por un rato y durante la conversación Amy ha estado observando a Nélida. Se dirige a su hijo y le dice; "Mi hijo, debes sentirte dichoso de haber encontrado a esta joven en tu camino, demuestra belleza interior, humildad, sencillez e inteligencia". Estas palabras causan que se asomen lágrimas en los ojos de Phillip. Amy sonríe y le acaricia la cabeza a su hijo. Éste abraza a su madre y le dice "Tus palabras provocan gran alegría a mi alma, pues me confirman que aceptan a la mujer que amo".

Minutos más tardes Amy le dice que le ha preparado una cena, el menú favorito de Nélida y Phillip para que la novia descubra lo rico que ella cocina. Phillip había planificado una sorpresa para Nélida, ya que era el día de su cumpleaños, pero él se hizo el olvidadizo. En esos momentos llaman a la puerta y Phillip sale apresuradamente a abrir. Eran los padres de Nélida que habían sido invitados por Phillip. Nélida estalla en llanto, muy emocionada al ver a sus padres llegar e inmediatamente todos comienzan a cantar *Cumpleaños Feliz*. "Me parece un sueño hecho realidad, pues había soñado este encuentro de nuestras familias, no me imagine que fuera en este día". ¡Qué gran sorpresa!" Nélida abraza y besa a cada uno de los presentes le da las gracias. Se van a cenar todos y luego disfrutan del pastel de cumpleaños que ha hecho Angelina para su hija. Más adelante en la noche Nélida se marcha a su hogar con sus padres, mientras Phillip permanece en el suyo, celebrando con los de él.

CAPITULO VII

Días más tarde pensando Phillip en sus planes futuros, decide que debe buscar un empleo para cumplir con sus metas. Habló con su tío Dan para contarle sobre su relación con Nélida y le pide consejo para conseguir un trabajo. Su tío le sugiere que vaya a la oficina de Recursos Humano de la compañía que él trabaja y complete una solicitud de empleo. Phillip muy ilusionado así lo hizo y en poco tiempo hubo una convocatoria de empleo para chofer. Inmediatamente enterado Dan, llamó a su sobrino para informarle y le sugiere que vaya inmediatamente a solicitar la posición. Así lo hizo Phillip y dentro de pocos días fue llamado para coordinar una fecha para entrevista. Muy emocionado y ansioso, llamó a su novia para contarle lo sucedido. Nélida se siente muy contenta y le da palabras de aliento y motivación para que se relaje y haga una buena entrevista.

Llega la fecha para la entrevista y Phillip se dirige a la oficina de Recursos Humanos, donde hay varios candidatos que solicitaron la misma posición en espera de entrevista. Al llegar su turno, Phillip es recibido por la Sra. Brenda Ortiz, quien era la que estaba llevando a cabo las entrevistas. Luego de leer la solicitud de empleo de Phillip, le pregunta; "Señor Jackson, ¿qué lo motivó a usted siendo estudiante de leyes a solicitar este puesto? "Señora, responde Phillip, entiendo que cuando uno tiene unos planes y metas para el futuro, debe utilizar los medios necesarios que nos ayuden en el camino para cumplir con nuestras expectativas. Aprendí de mis padres que todo trabajo digno, engrandece al ser humano y en estos momentos que necesito mejorar mi situación económica estoy dispuesto a realizar la labor que sea necesaria". Mientras continuaba la entrevista, la señora Ortiz iba haciendo anotaciones. Al finalizar, le informa a Phillip que de todos los entrevistados, él estaba sobre cualificado. "No obstante, le quiero dejar saber que me ha impresionado su desempeño en esta entrevista. Yo soy la administradora de esta agencia, este puesto es de Confianza y lo he seleccionado a usted para que trabaje conmigo. Puede pasar por la recepción para que le orienten sobre los documentos que debe traer y el proceso de ingreso. Phillip muy sorprendido, le extiende la mano y le agradece por haberle seleccionado.

Ya fuera de la agencia Phillip inmediatamente le hace una llamada a su amada novia Nélida. Le cuenta que fue a una entrevista de trabajo y el resultado de la misma. Nélida lo felicita muy contenta, pero le pregunta por qué tiene la necesidad de trabajar mientras estudia, si sus padres lo apoyan económicamente en todo. Phillip le contesta en un tono muy despacio "Es que quiero comenzar a hacer unos planes para el futuro que conllevan un gasto adicional y no corresponde a mis padres costear". Le contesta Nélida en tono curioso "¿Y puede saber tu novia esos planes? "Seguro, contesta Phillip, más adelante te contaré para que me ayudes en la "planificación". Phillip evita de momento decirle sus planes, pues quiere darle una sorpresa.

Luego de varios días y completado el proceso de reclutamiento en su puesto, Phillip recibe la primera instrucción de Karen, la secretaria de la señora Ortiz (administradora de la agencia y jefa de Phillip) para que dentro de una hora lleve a ésta al Departamento de Estado. Phillip recurre al GPS de su teléfono celular para conocer la ruta hacía ese lugar. A la hora de salir llega la señora Ortiz e inmediatamente Phillip le abre la puerta trasera del auto y la asiste abordar. Ella se sorprende, ya que su chofer anterior no tenía esa cortesía. Comienza la marcha y ella se mantiene ocupada repasando su agenda y detalle sobre la reunión que tendrá en breve con administradores de otras agencias. Al llegar al lugar, Phillip repite el mismo gesto que cuando su jefa abordó, abre la puerta y la ayuda a bajar. En esta ocasión ella le agradeció su gesto y cortesía. Rápidamente Phillip cerró la puerta y lamentablemente se encaja parte del vestido de la señora Ortiz. El se pone tan nervioso que comienza a sudar. Sin embargo la señora Ortiz no se molesta y le dice "Tranquilo, fue un accidente, no debí haberme puesto este vestido tan largo. Buena oportunidad para salir de él" le dice sonriendo y se dirige a su reunión.

Luego de finalizar la reunión, la señora Ortiz le pide a Phillip que la lleve a su hogar donde tiene que resolver un asunto familiar y que regrese el auto a agencia.

Ya terminadas sus funciones y de regreso al hogar, pasa a hablar con su tío para contarle como fue su primer día de trabajo. "Mi jefa parece ser una persona flexible y amable tío Dan". Phillip comenzó a narrarle lo sucedido con el vestido. "No se molestó, me pareció humilde. Me gusta el trabajo de chofer" dijo sonriendo. "Es bueno que guste lo que estas haciendo sobrino, pero no dejes de estudiar". "Sí tío, mi meta es terminar mis estudios y convertirme en un abogado". "Si yo pudiera ayudarte para que te dediques solamente a estudiar, pero mis ingresos no son tan altos" contesta Dan. "No tío, no te preocupes yo deseo trabajar, tengo planes para mi futuro y para eso debo ir guardando dinero". Concluida la conversación Phillip se dirige a su apartamento y le hace una llamada a Nélida para dejarle saber como fue su día en su nuevo trabajo. Conversaron por largas horas y ella percibía la alegría y motivación de su novio, por lo que también se sintió muy contenta.

Tras varias semanas de estudio y trabajo, Phillip recibe su primera paga. Muy motivado se dirige al banco para abrir una cuenta de ahorros. Deposita parte del dinero y luego se dirige a una joyería para mirar los anillos de compromiso con esperanza de que los precios fueran razonables a su presupuesto. Se comunica con Nélida y la cita al restaurante de comida rápida donde se conocieron. Cuando se encuentra y se sientan a comer Phillip la mira tímidamente a los ojos, ella se siente nerviosa y le pregunta "¿Que te sucede mi amor, te noto preocupado?" El le contesta (mientras extrae de su bolsillo una cajita con el anillo) "Es que quiero pedirte algo muy serio para los dos" le muestra el anillo y le dice "Nélida quiero que seas mi esposa". Ella se queda pensativa por unos segundos y le contesta "Creo que es muy prematuro para casarnos, estamos estudiando, tu trabajo no es seguro aún. Vamos a darnos tiempo, yo deseo terminar mis estudios antes de tener una responsabilidad de un hogar y ser madre". Phillip se siente rechazado en su intento por casarse con la mujer que ama y guarda el anillo. Su rostro se torna pálido y sus manos frías. Bueno mi amor, haré lo que tu digas, esperare el tiempo que estimes necesario. Abandonan el lugar y Phillip acompaña a su novia hasta el frente de su apartamento. Nélida se despide en la misma forma de siempre, pero es notable la desilusión en Phillip aunque disimula. Esa noche decide esforzarse más en sus estudios y cada día mejorar su desempeño en el trabajo para no pensar demasiado en su anhelo de casarse pronto con su novia.

CAPITULO VIII

Al cabo de varios meses en su empleo, una mañana Phillip recibe la noticia de que pasará a ser empleado permanente de la agencia y recibirá un aumento en su salario. Inmediatamente llama a Nélida para darle las buenas nuevas. Ella se siente muy feliz, pues ya su novio tiene empleo asegurado. Esta noticia provocó que Nélida pensara más en su relación con Phillip y decide llamarlo para invitarlo a que salgan a cenar juntos. Él piensa que ella desea celebrar que le hayan hecho un nombramiento permanente en su empleo y accede. Luego de la cena, Nélida le expresa a Phillip lo feliz que se siente que le hayan dado la permanencia en su empleo y que estuvo pensando mucho sobre su relación con él. Realmente ella atesora la linda relación con su novio, piensa que es un caballero con todos los atributos para ser su esposo. Entonces lo mira fijamente a los ojos y le dice "He decidido aceptar la sortija de compromiso y acepto tu proposición de ser tu esposa". Muy sorprendido, Phillip abre los ojos y le toma las manos. Ella continúa, "Formaremos un hogar, tu continúas con tu trabajo y estudios mientras yo continúo estudiando hasta obtener mi soñada profesión. Seguiré tras mis sueños de poner una Clínica Pediátrica y luego tendré nuestros hijos". Phillip acepta muy sonriente la oferta de su novia y muy feliz retira el anillo de su bolsillo. Siempre que iba a salir con ella lo llevaba, pues presentía que en algún momento esto podía suceder. Le toma la mano derecha y equivocadamente le pone el anillo en el dedo anular derecho. Nélida comienza a reír a carcajadas "Mi amor, coloca el anillo en mi mano izquierda donde se supone". Phillip también comienza a reír a carcajadas y le dice, "Mi amor, es que esta es la primera vez que me comprometo para casarme". Era evidente la felicidad de ambos, esa noche no conciliaban el sueño.

Luego de varios meses de Nélida aceptar la proposición de Phillip, él entiende y le deja saber a ella que ya es tiempo de que comiencen los preparativos para su matrimonio. Nélida sin pensar mucho escoge fecha para su boda.
Comienzan por decidir el lugar donde residirán. Phillip actualmente vive en un apartamento con dos habitaciones más cómodo que el apartamento-estudio de Nélida. El la invita por primera vez para que lo vea y decida si le gusta. Ella se queda muy impresionada por lo organizado que se ve el apartamento. Además sus padres se lo habían amueblado con todo lo necesario como regalo cuando se mudó, por ser un estudiante destacado y un hijo excepcional. "Me gustaría mucho vivir aquí, creo que lo único que nos hace falta sería un juego de cuarto matrimonial, esta cama que tu tienes es muy pequeña". Sí mi amor compraremos una más grande y ésta la ponemos en la otra habitación para cuando vengan nuestros padres podrán quedarse aquí. Phillip le expresa a Nélida, cómo no hay muchos recursos para hacer una gran boda haremos una sencilla y familiar, ¿qué tú crees? Nélida contesta, muy buena idea la haremos así.

CAPITULO IX

Unas semanas más tarde, en una ceremonia sencilla y privada, pues tenían un presupuesto limitado, se celebra la boda de Phillip y Nélida en la residencia de los padres de Phillip. Muy contentos ambos se dan el sí ante el Juez. Después de cenar con la familia Jackson-Ville salen hacia el aeropuerto pues pasarán unas cortas vacaciones en Orlando Florida. Allí visitarán los parques temáticos y compartirán con familiares que ambos tienen allá.

Después de varios días de visitar los parques temáticos decidieron tomar un día para visitar a la tía de Nélida que vive en un lugar distante de donde ellos están alojándose. Cuando Phillip entra a la carretera principal se da cuenta que su auto esta sin gasolina y le comenta a su esposa que no tiene gasolina que si no encuentra una estación para abastecer, pronto el auto se apagará. Al llegar a un desvío pasan por una carretera donde hay varias casas y ahí el auto se detiene quedando parado frente a la residencia de la familia Cruise, un matrimonio de personas de edad avanzada. El señor, llamado Bennett, se encontraba en el patio de su casa montado en un carrito de recortar la grama, mientras su esposa Warrent está preparando la cena para ambos.

Phillip se baja de su auto y camina hacia el señor Bennetttt y le dice: "Con su permiso caballero, mi nombre es Phillip Jackson y soy turista voy a visitar la tía de mi esposa y me acabo de quedar sin gasolina ¿Cree que usted me puede ayudar? Éste le responde; yo soy Bennett Cruise mi hijo se llevó mi guagua prestada pero tengo un caballo. Si deseas te lo ensillo y te doy un envase para echar la gasolina y como a dos millas hay una estación de gasolina, que tu esposa se quede con mi esposa Warrents en lo que tú regresas.

El caballo que es de Bennett nunca ha sido montado por nadie que haya sido él. Bennett le pregunta a Phillip si ha montado a caballo alguna vez. Phillip le responde; Sí en casa de mis padres hay varios caballos desde pequeño los he montado. Bennett le responde, pues te lo voy a ensillar.

Phillip se monta en el caballo y éste comienza a dar brincos tratando de sacar a Phillip hasta que cae al suelo lastimado. Phillip no sabía que el caballo al único que permite montarlo es a su amo. Bennettt ayuda a Phillip a levantarse del suelo y este a su vez le muestra varias cortaduras en los brazos y la cara. Bennett lo lleva dentro de la casa donde su esposa le cura las heridas. También se ofrece a ir a buscar la gasolina en su caballo y luego de media hora éste regresa con la gasolina para que Phillip abasteciera su auto. Bennett le advierte a éste; Oye chico aquí las carreteras son largas y tienes que tener el tanque de la gasolina lleno para que no se queden varados en lugares solitarios.

Phillip con algunos vendajes se despide con un abrazo a un nuevo amigo que lo acaba de ayudar. Le da su dirección para que cuando viaje a Puerto Rico los visiten a ellos también. Bennettt le contesta; pero esperen no se vayan, coman con nosotros. Phillip y Nélida acceden a la invitación de sus nuevos amigos Bennettt y Warrent Cruise, que ciertamente han encontrado la ayuda necesaria en este matrimonio. Ya para despedirse de los Cruise, le pregunta cómo llegar a la residencia de la tía de su esposa. Bennettt como no conoce bien, le dice que espere un momento, entra a la casa y les trae un **GPS** (Sistema de Posicionamiento Global), y se lo conecta en el auto, lo enciende y le pide la dirección de la tía y la consigue en el **GPS**, además le enseña cómo utilizar el mismo. Phillip le pregunta a Bennettt que hará con el cuándo termina de utilizar y éste le contesta que se quede con él a lo que Phillip le da las gracias por todo. La pareja Jackson-Ville prosigue su camino y llega a la casa de la tía. Allí pernoctan en la casa de ella para al otro día regresar a Puerto Rico.

Al cabo de varios meses Nélida comienza asentir que su vientre está creciendo y sin embargo piensa que está comiendo mucho porque ambos han ganado peso. Tanto Phillip como Nélida se cuidan para no tener bebes por el momento, tomando anticonceptivos por lo menos hasta que terminen de estudiar. Al llegar de las clases Nélida comienza a vomitar. Cuando Phillip nota a Nélida un poco pálida y le pregunta si le pasa algo. Ella para no asustarlo y se preocupe le indica que está así por la presión de los estudios. Pero al otro día Nélida vuelve con los mismos síntomas del día anterior además se marea. Esta vez llama a su esposo para pasar por él para que la acompañe al hospital. El doctor al examinar a Nélida se imagina lo que está sucediendo y procede a realizar una prueba de embarazo la cual resulta positiva. Nélida está embarazada y al reunirlos a los dos para darle la noticia, ambos se quedan asombrados, ya que se estaban cuidando para que esto no sucediera, pero por un olvido o descuido sucedió. Nélida abraza a su esposo y le dice, a pesar de que me estaba cuidando para que esto no sucediera hasta que terminara mis estudios y estuviera preparada para tener hijos pero sucedió antes y estoy feliz al saber que voy a tener un hijo. Ese era uno de mis sueños y no importa que se interrumpan momentáneamente los estudios. Phillip emocionado también le dice a su esposa, no me entristeció la noticia, sino al contrario esto súper feliz mi amor. Nélida les comunica a sus padres que pronto serán padres. Ellos emocionados también no pueden creer lo que está pasando porque su hija es bien estudiosa y querían que terminara sus estudios, pero al saber que serán abuelos todo cambio. Al cabo de nueve meses Nélida da a luz una hermosa niña al cual le da el nombre de Shirley, nombre que su madre le recomendó. Nélida decide posponer sus estudios y habla con Phillip porque quiere concentrarse en criar a su hija hasta que la niña esté suficiente madura para ella comenzar a estudiar nuevamente y terminar su carrera de pediatría. Phillip responde; Yo estoy de acuerdo al cien por ciento contigo mi amor ella es nuestra prioridad en estos momentos tu quédate cuidando a nuestra hijita que yo me encargaré de todo. Al cabo de 1 año tiene otra bebe a esta le dan el nombre de Shannyn. Es una niña hermosa, Phillip y Nélida están muy felices y se olvidan por el momento de sus carreras. Ya la familia Jackson-Ville sigue creciendo y deciden buscar una casa más cómoda y llegan a una urbanización que se está terminando de construir y tiene casas disponibles para la venta. Le muestran varias de ellas hasta que se deciden por una de tres cuartos, la cual Phillip con los ahorros que tiene hace el pago inicial para comprar la misma. Su nueva residencia queda a 30 minutos del trabajo de él. Varias semanas más tarde ya Phillip, Nélida y las niñas están mudándose.

Mientras en los Estados Unidos el hermano de Nélida está trabajando como operador de trenes en la ciudad de Nueva York. Éste se comunica con ella para darle la buena noticia y además saber cómo están sus sobrinas que no las ha visto en persona sino por foto que le envía su hermana. Pierce a pesar de estar muy bien económicamente allá en la ciudad, no tiene familia alguna. Pierce; "Hola Nélida ¿Cómo estás?" Nélida responde "Gusto en oírte mi hermano, yo muy bien ¿Y tú? Pierce contesta, Nelly yo tengo un buen trabajo tu sabes que no tenemos familia acá en New York, me hacen falta papi y mami, extraño la comida que ellos nos hacían. Yo casi siempre como afuera, estoy aprendiendo a cocinar pero todavía el arroz no me queda bien y las habichuelas me quedan ralas y crudas, el pollo casi siempre se me quema. Como muchos dulces y postres, lo que no hacía en Puerto Rico. Nélida le contesta; "Evita estar comiendo a cada rato sobretodo dulce, tú sabes que papi es diabético y le encantan los dulces y mami lo tiene controlado, saliste a él. Entonces Pierce cambia la conversación. "¿Te quería preguntar cómo están las nenas? Están muy bien, contesta Nélida, creciendo rápidamente y bien saludables. Sabes que yo misma las estoy cuidando y cuando estén listas para ir al colegio, comenzaré a estudiar de nuevo". No te preocupes Nélida que yo te sigo ayudando todos los meses, tu eres mi única hermana y mis sobrinas son como mis hijas las amo mucho. Cuando tenga la oportunidad iré a Puerto Rico a tu casa, estoy deseoso por verlas, digo si no tú vienes a acá y las trae, contesta Pierce. "Mi hermano por ahora es difícil tenemos muchos gastos y nos acabamos de mudar a una nueva casa, contesta Nélida. Muy bien hermana, te dejo que voy a trabajar, te llamaré durante la semana". Adiós Pierce, Dios te bendiga mucho te cuidas, acuérdate de evitar comer tantas golosinas. Pierce le contesta: OK, tratare hasta luego. Sin embargo Pierce olvida rápido el consejo de su hermana y se come una golosina en lo que llega a su trabajo. Nélida aunque totalmente feliz con sus dos hermosas niñas, comienza a preocuparse por la salud de su único y amado hermano.

CAPITULO X

Luego de varios meses Nélida comienza a tener mareos, náuseas y vómitos. Ella sabe que esos son los síntomas de estar embarazada pero esta vez son muchos más constantes y acude al ginecólogo para un examen. Éste le hace la prueba y da positivo a embarazo de su tercer hijo. Más adelante, el ginecólogo le informa que es un varón lo cual le causa mucha emoción pues ese era su deseo al igual el de Phillip. Cuando ella lo llama para darle la noticia Phillip casi se desmaya. Nélida también llama a su hermano que por poco detiene el tren de la alegría que le causa al saber que tendría un sobrino. Sin embargo a medida que iban pasando los meses, se complicaba la situación del embarazo de Nélida porque casi a diario se mareaba, vomitaba o le causaba cierta debilidad en su cuerpo teniendo que ser hospitalizada. Era tal la gravedad que cayó en coma. Al bebe todavía le faltaba tiempo para desarrollarse y le informaron que dejó de respirar.

Al salir de su estado comatoso, le recomendaron sacarle el bebe que aparentemente no tenía vida. Nélida insistió en continuar con su embarazo a "pesar de lo serio de su situación. Al llegar al quinto mes de gestación, otro médico la examina y la criatura respondió favorablemente. Éste le informó que él niño tiene el pulso muy bajito por tal razón no se detectaba si tenía vida o no. Hubiese sido un error el haberle practicado un aborto a Nélida causándole una mala práctica. Gracias a Dios todo se normalizo para Nélida y fue enviada de regreso a su hogar donde tendrá que descansar por unos días. Phillip entonces habla con su jefa Brenda, para que le permita unos días de vacaciones para estar con Nélida y atender a las niñas en lo que su esposa se recupera. Brenda le concede el tiempo necesario para que Phillip este con su familia. Al sexto mes de gestación Nélida deja de tener los síntomas que le afectaban su salud, pero su vientre creció demasiado, parecía que iba a tener trillizos.

Una tarde Pierce casi al concluir su turno sufre un colapso en su cuerpo provocando así que el tren se descarrile, pero por suerte el tren iba sin pasajeros ya que él era el inspector de los trenes y los probaba para luego dar el servicio. Pierce es llevado a sala de emergencia donde le diagnostican un bajón de azúcar. Luego de permanecer por unos días en el hospital, es enviado a su hogar. No le notifica a su hermana sobre lo sucedido para no causarle disgustos adicionales en su estado de embarazo. Sin embargo ella se entera por las noticias y lo llama preocupada. Este entonces tímidamente le comenta lo sucedido. "Nélida no quiero que te preocupes, todo va estar bien. Me estabilizaron y volveré a trabajar. No quiero que estés afectada por causa mía". "Pierce lo importante es que estés bien, siempre llámame no importa lo que pase tu eres mi hermano en las buenas y las malas", contesta Nélida. Termina la conversación y Pierce se marcha a su trabajo y al llegar tiene una carta de su suspensión de empleo temporeramente en lo que se ve su caso.

Al pasar varias semanas recibe una notificación para que comparezca a una audiencia sobre su suspensión de empleo. Este comienza a preocuparse y cae en nerviosismo y depresión mayor. Esto hace que Pierce hable con su hermana al día siguiente.

CAPÍTULO XI

En una madrugada oscura y fría comienza el día para la familia Jackson-Ville. Suena el reloj-despertador en la habitación del matrimonio, Phillip se tiene que levantar para ir a trabajar, aún como chofer de la administración de una agencia de gobierno. Nélida, atiende a sus dos niñas, Shirley de cuatro y Shannyn de tres años. En adición tiene ocho meses de embarazo de un varón. Nélida prepara el desayuno para la familia. Phillip le dice a su esposa que hoy debe salir más temprano, ya que debe llevar a su jefa a una reunión fuera de la agencia que comienza a las 8:00 a.m.

Sentados todos en la mesa desayunando, suena el teléfono, Phillip se levanta inmediatamente y contesta el mismo. "Hola, buen día, ¿quién habla? Hola, Phillip es tu cuñado ¿cómo estás? Phillip responde; "Muy bien, ¿Cómo te encuentras tú? "No muy bien que digamos pero para adelante", contesta Pierce. "Quiero hablar con mi hermana". Nélida contesta. Hola Pierce ¿cómo estás? Éste contesta; tengo un problema con la justicia y quisiera que vinieras a apoyarme en lo que pasa el caso. Nélida asombrada le contesta; "¡Hermano cuéntame qué sucedió"! Pierce le narra lo sucedido y ella responde; "Sabes, estoy a punto de tener a mi hijo y Phillip tiene una responsabilidad en su trabajo, no obstante le hablaré para saber que opina. Tranquilo hermanito, te llamaré luego". Termina la conversación con Pierce. Phillip debe salir de prisa por lo que le dice a su esposa; "Bueno mi amor hablaremos en la tarde cuando llegue". Les da un beso a su esposa e hijas y se despide para irse a su trabajo.

Llega la tarde y se despide Phillip de su jefa la señora Ortiz, luego llega a su hogar donde lo reciben su amada esposa e hijas con un beso. No hablan del asunto hasta que ya están acostados y Nélida dice a su esposo lo bueno que ha sido Pierce con ellos. "Nos ha ayudado a dar el pronto de esta casa, también te dio el dinero para la compra del auto para transportar a las nenas a sus citas médicas. Ha estado ahí en las buenas y en las malas. Recuerdo que cuidaba de él cuando niño y cuando fue adolescente le planchaba su ropa cuando iba a salir de fiesta, nos llevábamos muy bien. Soy su única hermana y él está solo no tiene otra persona que lo apoye. Yo necesité de él y en estos momentos él necesita de mí." Mientras ella hablaba Phillip se quedaba dormido por el cansancio. Al otro día se repite la misma escena y así día tras día mientras Phillip se queda callado o dormido. Phillip preocupado una mañana le habla del tema a Nélida: "Oye mi amor acabamos de comprar esta casa, yo tengo un trabajo muy exigente, tú estás embarazada y pronto tendrás el niño. Además no tenemos dinero para viajar con el sueldo que devengo". Ella le responde a Phillp: Está bien hablaremos con Pierce y le diré que es bien difícil viajar en estos momentos". Phillip se despide de su esposa para ir a su trabajo. Nélida atiende a las niñas y ya en la tarde llama a su hermano para informarle sobre su situación. Pierce contesta: Hola Nélida, ¿Cómo estás hoy? Ella responde; "Hola Pierce te llamo para decirte que nos es bien difícil poder viajar en estos momentos, no tenemos dinero para hacer el viaje. Pierce interrumpe; "Nélida despreocúpate por eso, me encargaré de los boletos aéreos y de cubrir todos los gastos de ustedes y las niñas, ¿Que te parece"? Nélida le contesta, "bueno consultaré con Phillip cuando regrese del trabajo y luego mañana te llamaré".

Phillip llega cansado de estar todo el día manejando sin descanso. Ya en el comedor cenando todos, Nélida aborda a Phillip nuevamente con la situación de su hermano. "Mi amor Pierce nos pagará los boletos aéreos y nos cubrirá todos los gastos, ¿Que te parece? Phillip le responde, "Mi amor, yo sé lo importante que Pierce es para ti, pero tengo que hablar con la señora Ortiz para tomar el tiempo y ella es bien estricta. Hablaré del asunto con ella mañana.

Al siguiente día éste recoge a la señora Ortiz para llevarla a una reunión. Phillip se mantiene callado y la ella le pregunta; "¿Todo bien Phillip? Te veo pensativo". "En casa estamos todos bien, solo que tengo una situación familiar, contesta él. Mi cuñado está en problemas y necesita que vayamos a Nueva York para apoyarlo. La señora Ortiz le contesta: Phillip tú sabes que no tengo otro chofer como tú, responsable y puntual. Tengo unas reuniones pendientes, ¿cuantos días necesitas? "Serán dos semanas". Está se queda callada y pensativa por un momento, luego le contesta; "Bueno cancelaré las reuniones hasta que tu regreses, tomaré también dos semanas de vacaciones, me las merezco y tú también (a carcajadas). Aprobadas las vacaciones, puedes irte Phillip y te deseo que puedan resolver exitosamente".

Llega a su casa muy contento con unas flores para su amada esposa y unas golosinas para sus niñas. Le da la buena noticia a su esposa quien con mucho júbilo, de inmediato se dispone a llamar a su hermano por teléfono. "Hola Pierce te llamo para decirte que puedes enviar los boletos porque iremos a Nueva York a apoyarte". Su hermano muy contento responde; "¡Que buena noticia! Estoy bien contento y deseoso por verte a ti y las nenas, que desde que nacieron no las he podido conocer por mi trabajo. Te enviaré los boletos.

Al día siguiente Pierce sale a la agencia de viajes y luego de haber comprado los boletos llama a su hermana para informarle que los envió que viajarán pronto en el mes de noviembre. Nélida le agradece a Pierce la oportunidad de ir a la ciudad de los rascacielos y al llegar su esposo, le da la buena noticia que el 13 de noviembre irá hacia Nueva York.

CAPITULO XII

Llega el día del viaje ya camino hacia el aeropuerto Nélida olvida teléfono celular en la casa y Phillip le dice que no pueden regresar a casa a buscarlo, pues es tarde y pueden perder el vuelo. Además se supone que Pierce los está esperando a la hora de llegada.

Unas horas más tarde Pierce se dispone a encender su auto para ir al aeropuerto y éste no enciende pues tiene la batería agotada ya que le dejó las luces encendidas toda la noche. Desesperado trata infructuosamente de encenderlo y al no hacerlo saca la batería para llevarla a cargar. Mientras tanto Phillip y familia ya habían llegado al aeropuerto y mientras esperaban por Pierce a Nélida le comienza a dar un fuerte dolor en su vientre. Personal del aeropuerto llama al 911 y cuando llega la ambulancia la llevan de inmediato al hospital más cercano y allí trae al mundo a un hermoso varón. Al Pierce llegar al aeropuerto ya la familia se había ido hacia el hospital y personal de aeropuerto le informan lo sucedido.

Pediatras del hospital le informan a Nélida que su bebé presenta síntomas de desnutrición por lo que estará varios días en observación. Phillip y las niñas están agotados y van comprar comida para los tres. Duermen en una habitación del hospital donde Nélida está ya que Phillip no tiene dinero para pagar un hotel.

Luego de varios días dan de alta a Nélida y a su bebé. El pediatra orienta a la mamá que siempre mantenga al niño hidratado, ya que tiene un raro padecimiento de desnutrición. Salen del hospital caminando hacia la casa de Pierce y preguntando cómo pueden, en el idioma español y un poco en inglés, qué tren deben tomar para llegar a la vecindad donde reside.

Por su parte Pierce ha ido a varios hospitales pero no encontraba a su familia. Finalmente pudo tener información del lugar, pero cuando llega, le informan que a Nélida le acaban de dar de alta y que ésta ya se había ido del lugar.

Phillip, su esposa e hijos ya en el tren sentados todos, Nélida coloca al bebé a su lado en lo que le prepara la leche de fórmula y de momento durante el transcurso del viaje en tren dos hombres comienzan una discusión por un asiento. Estos comienzan a pelear y uno de ellos saca un revolver, lo que provocó un caos. Inmediatamente el tren se detiene y todos los que están dentro salen despavoridos. Nélida se pone sumamente nerviosa y toma una de sus niñas y Phillip toma la otra saliendo del mismo y cuando Nélida se da cuenta que había olvidado a su bebé, retrocede inmediatamente para entrar al tren y se cierra la puerta de éste, continuando su marcha.

Una señora que estaba leyendo el periódico y también estaba oyendo música con sus audífonos puestos, no se había dado cuenta de lo sucedido, va a cambiar la página de su periódico y se percata de momento que a su lado hay un bebé y no hay nadie dentro del tren. Toma al niño y cuando el tren se detiene sale fuera del mismo mira hacia todos lados y comienza a caminar hacia atrás y la familia Jackson-Ville está caminando hacía el frente muy preocupados y llorosos. Cuando le pasan por el lado a la señora con el niño, Shirley la hija mayor dice: "Mami esa sabanita que tiene el bebé de esa señora se parece a la de nuestro bebé. De inmediato Nélida se voltea camina hacía ella y se presenta. "Hola señora, yo soy Nélida Ville" y le pregunta con mucho tacto "Tengo una sabanita de bebé parecida a la suya, dónde la compró? La señora le contesta, "Yo estaba viajando en tren y este bebé aparentemente lo dejaron abandonado. Nélida pregunta "Me puede mostrar al bebé"? "Sí como no" contesta la señora, Cuando lo destapa porque hacía mucho frío, Nélida responde; "Ese es mi hijo, se quedó en el tren donde viajábamos porque se suscitó una pelea. Salimos de prisa y tomé la mano de una de mis hijas y mi esposo la otra y se me quedó el niño, regresé a recogerlo y se cerró la puerta para continuar la marcha". La señora le pregunta; ¿"Cómo me puede probar usted que este bebé es el suyo? "Mire su carita, se parece a mí" contesta Nélida. Disculpe señora Ville, para yo entregarle el bebé debemos ir al hospital donde usted lo tuvo para salir de dudas. Sí es suyo, ellos se lo entregarán.

Al llegar al hospital, al niño le realizan pruebas de ADN, dando positivo a que era el bebé de Nélida y se lo entregan a ella. Nélida le dice a la señora que se siente muy agradecida de ella por haber encontrado y protegido a su bebé. La señora le contesta, mi nombre es Mary Deed, pero me conocen como Miss Mary porque fui maestra de inglés por 30 años y me retiré. Nélida con más confianza le habla; "Oh Miss Mary, no sabe la odisea que hemos vivido. Vinimos a Nueva York a visitar a mi hermano. Al arribar al aeropuerto se adelantó el momento de mi parto. De inmediato nos llevaron hacia el hospital donde tuve mi niño. Mi hermano se supone que nos recogiera en el aeropuerto y no tengo manera de comunicarme con él, porque se me quedó el teléfono celular en Puerto Rico. Lo único que tengo es su dirección, vive en la calle 4". Yo vivo cerca de aquí, contesta Miss Mary. "Si no tienen a donde ir en mi hogar hay habitaciones vacías donde pueden quedarse en lo que encuentran a su hermano". Muchas gracias Miss Mary, nos quedaremos en su casa mientras localizamos a Pierce contesta Phillip.

Ya en la casa las niñas comienzan a jugar con las mascotas de Miss Mary. Ella busca en los mapas por su celular la dirección de Pierce, pero no lo encuentra. "Mañana saldremos en mi auto a buscar la calle 4".

Miss Mary desconoce la dirección que Nélida le está dando de su hermano, a pesar que es cerca de donde ella reside. Pues hace varias semanas que Miss Mary se mudó a su nueva casa, por eso le es difícil encontrarla, además que parece estar incompleta.

CAPITULO XIII

Al amanecer Phillip, Nélida y las niñas se asombran cuando al asomarse a la ventana ven que está cayendo nieve. Miss Mary le dice; "Ya pronto comienza el invierno y las temperaturas se tornan mas frías. Saldremos dentro de una hora a buscar a su hermano y podrán ver de cerca la nieve.

Ya en el trayecto Miss Mary se detiene en un parque; "Vamos para que tomen con sus manos la nieve". Aunque sintiendo frío, todos contentos comienzan a jugar con la nieve, disfrutando por un rato, mientras Miss Mary carga el bebé. Ya montados todos en el auto, comienza nuevamente la búsqueda del hermano de Nélida. Lamentablemente con la dirección que tenían no pudieron dar con el paradero de Pierce.

Mientras tanto éste se dirige a la oficina de su abogado. Señor Ville, le dice el abogado, su caso está bien adelantado es posible que lo ganemos, el viernes será el juicio. Usted no cometió ningún delito. Tenemos evidencia médica que confirma que el medicamento que usted se tomó le causó un efecto secundario y le afectó su desempeño. Al abogado no ver entusiasmo en Pierce le pregunta; "¿Pero por qué esta triste"? Pierce le contesta: "Hace varios días estoy buscando a mi hermana y su familia y no los encuentro. Vinieron desde Puerto Rico a apoyarme, llegué tarde a recogerlos al aeropuerto y ya no estaban. Cuando pregunté a los representantes de la línea aérea me informaron que a ella la tuvieron que trasladar a un hospital por un percance de salud. Ella está embarazada, la busqué en varios hospitales pero cuando llegue al correcto, ya se había marchado. Ella está con su esposo y mis dos sobrinas de cuatro y tres años, necesito encontrarlos. El abogado le contesta: "No se preocupe Ville le ayudaré a encontrarlos voy hacer las gestiones con el grupo de los "Boys Scouts" al cual pertenezco y buscaremos a su familia. ¿Tiene alguna foto de la familia"? "Sí la tengo en mi casa vamos a buscarla" contesta Pierce. Al llegar a la casa de Pierce le muestra la foto de la familia Jackson-Ville. El licenciado Heath comienza a hacer gestiones, se comunica con el presidente del Club de Leones y con el presidente de los "Boys Scouts". Se comienza una movilización de búsqueda de la familia Jackson -Ville repartiendo hojas sueltas con la foto por toda la ciudad.

Mientras en la casa de Miss Mary ésta comienza a darles clases de inglés a las niñas. Nélida le pregunta; ¿Nos puede dar unas clases a mi esposo y mí también? Esta contesta; ¿Por qué no? Vamos le ayudaré".

Al día siguiente salen caminando nuevamente a buscar el sector donde vive Pierce y pasan por el lado de un niño "boy scout" el cual le entrega una hoja suelta con la foto de la familia. Phillip exclama; ¡Somos nosotros! Inmediatamente llama a Miss Mary, quien se encontraba un poco más atrás y le dice; Miss Mary venga rápido, mire esto. Le muestra la hoja suelta y le pide; "Ayúdeme a comunicarme con el "boy scout". Miss Mary procede hablar con el niño. "Hola joven, esta es la foto de esta familia". El niño "boy scout" le contesta: "Se parecen mucho a los de la foto, estamos buscando a esta familia". "Este es el teléfono para que llamen", le indica el niño. Le dan las gracias y se despiden del "boy scout". Todos se dirigen al auto con la hoja suelta e inmediatamente

Miss Mary llama al número de teléfono. "Buenos días, habla el licenciado Heath", Buenos días mi nombre es Miss Mary Reed, le llamo porque la familia Jackson-Ville se está quedando en mi casa. Ahh, buenas noticias, dígame su dirección para que mi cliente Pierce Ville pase a recogerlos". No sabía ella y los Jackson-Ville que Pierce reside cerca de la calle donde vive Miss Mary. Rápidamente se dirige a su casa, ya que pronto la familia Jackson-Ville se reunirá con su pariente. El licenciado Heath llama a Pierce para darle la buena noticia y éste muy contento va a su oficina de donde salen a encontrarse con su familia. Al llegar a la casa de Miss Mary, Pierce baja del auto corriendo y toca la puerta. Ésta le abre la puerta y pregunta ¿Es usted Pierce"? "Sí, soy Pierce Ville contesta y vivo muy cerca de aquí". "Pase, su familia lo está esperando". Cuando llega a la sala de la casa, todos se confundieron en un abrazo entre alegría y llanto.

Antes de marcharse Nélida y Phillip le da un fuerte abrazo de agradecimiento a Miss Mary. Nélida comienza a llorar y le da las gracias por haberle dado alojamiento en su casa. Las niñas también emocionadas abrazan a Miss Mary y ésta a su vez las toma en sus brazos les da un beso a cada una de ellas y les dice que les ha tomado mucho cariño, que las quiere como si fueran sus nietas. Se dirige a Phillip y a Nélida; No tuve hijos pero si ustedes me lo permiten, desde hoy los adopto como hijos. Los Jackson-Ville se despiden y se marchan con Pierce.

CAPITULO XIV

Ya en casa y luego de varios días se preparan para acompañar a Pierce a su cita. Phillip le pregunta a Nélida; ¿"Mi amor crees que Miss Mary se pueda quedar con el bebé y las niñas"? Nélida le contesta; "Me gusta la idea, la llamaré para preguntarle si puede". Nelida se comunica; "Hola Miss Mary ¿Estará disponible para cuidar las niñas y el bebé mientras acompañamos a mi hermano a una cita? Miss Mary contesta: "Con mucho gusto lo haré, los he echado de menos, tráelos."

Phillip, Nélida y Pierce se dirigen a la corte donde el licenciado Heath los espera en la entrada del salón de audiencias. Pierce saluda y le estrecha la mano al licenciado Heath y le presenta a su familia. "Buenos días licenciado, le presento a mi hermana Nélida y a mi cuñado Phillip Jackson, ellos vienen desde Puerto Rico a apoyarme en este juicio. "Es un placer saludarles, mi nombre es Joseph Heath. Espero que ustedes y su familia se encuentren bien, luego de la situación vivida a su llegada a Nueva York".

Pierce es llamado y todos entran al salón de audiencia. Ciertamente Pierce se había confundido y le dice a su hermana que se le celebrará un juicio. Sin embargo se trata de una junta de síndicos que hay en la empresa para la cual trabaja que intenta esclarecer lo sucedido el día del accidente, para tomar una decisión sobre el asunto. Ya en el salón todos de pie, llega el presidente de la junta de síndico que va a dictar la sentencia. Le solicitan a Pierce y a su abogado que pasen al frente. He visto las pruebas médicas donde indican que los medicamentos que usted utiliza para su condición de salud tienen efectos secundarios. Usted no es culpable de la situación surgida en el manejo del tren, por eso lo declaro inocente de todo cargo al conducir y quedarse dormido. Además tomando en consideración que no podemos permitir que esta situación se repita, es mi determinación que usted está incapacitado realizar estas labores. Así lo declaro en el día de hoy, caso concluido. Pierce se confunde en un abrazo con su abogado, su hermana y cuñado, y da gracias a Dios que todo terminó. Mientras tanto en casa de Miss Mary las niñas se entretienen jugando con los perros y ésta le daba el biberón con leche al bebé.

Ya Pierce más tranquilo en su hogar habla con su hermana y le dice: "Gracias Nélida y Phillip por estar aquí conmigo no saben cuánto los necesitaba, estaba bien triste y ahora estoy muy feliz de compartir con ustedes y los niños. Phillip abraza a su cuñado y le dice; "Bueno Pierce estoy muy contento que todo haya salido bien y que estés feliz. Nosotros ya debemos regresar a casa, por lo que te pido de favor que nos compres los boletos de regreso a Puerto Rico para mañana en la tarde". "Me gustaría pasar un tiempo más con mis sobrinos, pero así lo haré", contesta Pierce.

Suena el teléfono y Phillip contesta: "Hola Phillip, habla Miss Mary, le di la leche al bebé pero éste comenzó a vomitar, no lo veo bien, vengan para acá. Pierce lleva a toda prisa a Phillip y a Nélida al hogar de Miss Mary, quien le entrega al bebé y a las niñas. Salen inmediatamente hacia la sala de emergencias en donde lo estabilizan con suero y medicamentos para los vómitos. Llega el pediatra y se dirige a Phillip y Nélida; "Tengo que mantener a su bebé bajo observación médica por lo menos una semana ya que presenta síntomas de deshidratación por aparente diarreas crónicas y vómitos. Phillip mira a Nélida con tristeza. "Mi amor, tengo que llamar a la señora Ortiz y contarle lo que está sucediendo, pues se supone que comience a trabajar pasado mañana. Ahora, me llevaré a las niñas para que descansen mientras te quedas con el bebé.

Al otro día Phillip se levanta muy temprano y dice a Pierce; "Cuñado necesito un favor, tengo que llamar a Puerto Rico para informarle a mi jefa que no puedo regresar por el momento". Como no Phil, usa el teléfono. Mientras en Puerto Rico suena el teléfono en la agencia donde trabaja Phillip. "Saludos Brenda, llamó para decirle que no puedo viajar a Puerto Rico como era previsto. La fecha del parto de mi esposa se adelantó, el niño nació al llegar aquí a Nueva York. En estos momentos el bebé está hospitalizado y está bien enfermito. Siento mucho fallarle. La señora Ortiz le contesta; Lamento mucho lo sucedido Phillip, pero tú no me has fallado, esta situación no la puedes controlar. Tu familia es primero no te preocupes, resuelve tu problema". Phillip se siente más aliviado y contesta; "Gracias Brenda, espero tener buenas noticias pronto". Luego de concluir la conversación se dispone a salir hacía el hospital, pero primero se detiene en casa de Miss Mary para dejarle las niñas. Miss Mary con mucho amor le dice; "Tranquilo Phillip, puedes dejarme las nenas cuantas veces necesites, no hay problema, me causa mucha alegría tenerlas conmigo.

CAPITULO XV

Luego de varios días del bebé estar hospitalizado, Phillip y Nélida reciben la noticia que el niño debe ser sometido a un tratamiento por espacio de dos años. Este consiste en que cada tres semanas se le debe suministrar un medicamento que estabilizará su condición mientras va desarrollándose. Phillip le comunica a Nélida; "Por el momento tenemos que quedarnos acá por la salud de nuestro hijito. Renunciaré a mi puesto y buscaré un empleo aquí en Nueva York en lo que George se estabiliza. Entregaremos nuestra casa en Puerto Rico y nos mudaremos cerca del hospital donde recibirá el tratamiento".

Pierce recibe una carta de que está atrasado en el pago de la hipoteca de su casa. Su residencia actual tiene cinco habitaciones, por lo que debe buscar una más pequeña que se ajuste a su presupuesto, ya que no tendrá aquel salario que devengaba mientras laboraba como operador de trenes.

Al pasar los meses Pierce le consigue un trabajo a Phillip en una tintorería industrial mientras Nélida continúa de ama de casa cuidando a sus niños. La familia Jackson-Ville se ubica en una casa pequeña que tiene tres dormitorios y un huerto casero. Luego de dos años el niño George se va desarrollando pero continúa el problema con su peso, por lo que el pediatra recomienda continuar suministrándole el medicamento por lo menos cada seis meses. Al cabo de varios años Phillip compra una residencia cerca del lugar donde vive Miss Mary. Aunque necesita hacerle mejoras, prefiere vivir con su familia en esa vecindad. Las niñas continúan visitando a Miss Mary, quien las ayuda en su aprendizaje del inglés y otras materias. Gracias a ésta tienen buenas calificaciones en el colegio. Además Shirley le gusta la cocina y le ha pedido que le dé clases de cocina.

A George le comienza una enfermedad llamada piorrea que le pudre la dentadura del frente. Como su padre no cuenta con los recursos económicos para el tratamiento, decide sacarle los cuatro dientes del frente y así evitar que los demás se dañen. Ya la sonrisa de George se apaga y cada vez que se sonreía era objeto de burlas por parte de algunos niños y eso lo entristecía y evitaba reírse o se tapaba la boca.

Nélida tiene a su cuarto bebé, una niña llamada Kirby quien nació saludable. Continúa creciendo la familia y al año siguiente nace otra niña llamada Sasharie. Los Jackson-Ville siguen siendo una familia que a pesar de todos los problemas es bien unida. Phillip compra un auto usado con lo poco que ha podido ahorrar para poder llevar a su hijo George a sus citas médicas. Ya éste cuenta con 12 años de edad y se ha ido desarrollando bien y respondiendo al tratamiento, por lo que el pediatra le informa que ya no tiene que inyectarlo más por su problema de deshidratación. Toda la familia celebra la gran noticia.

Phillip acostumbraba a dejar el auto en la casa para ir a su trabajo, prefería viajar en tren para llegar más rápido y evitar la gran cantidad de tráfico. En una ocasión mientras caminaba hacía la estación del tren, sufre una caída y se lastima la espalda, lo que provoca que quede encamado. Nélida estaba embarazada y los pocos meses tuvo un varón a quien le llama Douglass. Ya la familia compuesta de cuatro hembras y dos varones, mamá y papá comienzan a tener una situación económica bien difícil. Además su residencia les resulta incómoda porque tiene tres dormitorios, uno para el matrimonio, el segundo para los dos varones y el tercero lo ocupan las cuatro niñas, lo que se le hace difícil la convivencia en una pequeña habitación.

Nélida está trapeando el piso cuando de repente comienza a sangrar por la nariz, su hija mayor Shirley le pregunta asustada; "Mami ¿Que te pasa? Estás sangrando por la nariz, vamos al hospital para que un médico te examine. Nélida contesta: "No me atrevo manejar el auto en estas condiciones". "Mami, permíteme llevarte, recuerda que Miss Mary me enseñó a manejar y tengo licencia de aprendizaje. Ambas suben al auto, quedándose Phillip en casa con los demás niños.

Shirley va a toda prisa y pasa por el lado a una patrulla de la policía. Los agentes del orden público le ordenan a estacionarse a la orilla de la carretera. "Señorita, usted va manejando a 45 millas en una zona de 30 MPH", le dice uno de los agentes. Shirley contesta: "Señor oficial tenemos una emergencia pues mi mamá está sangrando por la nariz, por favor ayúdenos", a lo que el oficial prestamente le contesta: "Sígame, las guiaré hasta el hospital". Cuando arriban al estacionamiento del hospital el oficial se detiene, Shirley quien se encuentra muy nerviosa no frena el auto, impactando la patrulla por la parte trasera destrozando ambos autos. Nélida su mamá sufre golpes en ambas piernas. El oficial pregunta a Shirley: Señorita, ¿Está usted bien? ¿Que ha hecho"? Ésta contesta temblando: "Sí, estoy bien, lo siento oficial, los nervios me traicionaron". Se oyen los quejidos de Nélida; "Ayyy, mis piernas". El oficial le contesta, "Vamos pronto a sala de emergencias para que la señora sea atendida. Luego le enviaremos un citatorio para atender esta situación del accidente."

Lamentablemente Nélida sufrió fracturas en ambas piernas y tuvo que también ser enyesada. La situación del sangrado por la nariz resultó ser de un padecimiento de sinusitis. De regreso al hogar, fue llevada junto a Phillip donde deberían convalecer juntos. A la familia Jackson-Ville se le complica la situación porque Phillip y Nélida se encuentran encamados. Por la noche mientras se disponían a dormir Shirley y su hermana menor hablan sobre cómo poder ayudar a sus padres, George atento a la conversación les comenta la idea de buscar trabajo y dejar la escuela para poder ayudar a la familia. Shirley le dice a sus hermanos no podemos quedarnos de brazos cruzados tenemos que hacer algo, yo me encargaré de cocinar para ustedes, tu Shannyn aseas la casa, George nos ayudará a cuidar de los más pequeños Kirby, Sasharie y Douglass.

CAPITULO XVI

Unos días más tarde, se presentan a la casa oficiales del Departamento de la Familia para conversar con Phillip y Nélida. Les orientan que corren el riesgo de que le remuevan del hogar a sus hijos por un tiempo, por no encontrarse capacitados para cuidar de ellos. Phillip le contesta; "Señores, me quitarán el yeso de la cintura dentro de un mes, por favor denme la oportunidad de tenerlos conmigo mientras me recupere. Soy un hombre trabajador y pronto todo volverá a la normalidad". El oficial le contesta; "Muy bien, no le voy a dar un mes, sino seis meses. De no mejorar su situación tenemos que proceder de acuerdo a la ley, es nuestra responsabilidad velar por el bienestar de los niños. Cuando salen de la casa, Phillip y Nélida comienzan a llorar. Llaman a sus hijos y Nélida les dice; "No se preocupen saldremos de esta situación pronto para ayudarlos. Shirley se acerca a su mamá y le dice; "Mami tenemos un plan trazado así que tranquila, nosotros nos encargaremos del hogar". Al otro día Shirley e Shannyn van de compras al supermercado con su hermanita Kirby para adquirir lo necesario para poder cocinar. Ya de regreso a su casa Shirley comienza a cocinar el menú favorito de sus padres: arroz con habichuelas y fricasé de pollo. Esta es la primera vez que lo hace, pues Miss Mary le ha enseñado otros menús. Ya terminado de cocinar llama a sus hermanos y le sirve la cena y también les lleva comida a sus padres a su habitación. "Mami, papi ya preparé la cena para ustedes y los demás, coman por favor. Muy contentos comenzaron a probar la comida pensando a la misma vez que su hija necesitaba más práctica en este menú. Shirley les pregunta a sus padres; ¿Cómo está la comida"? Nélida contesta; "Mi hija" está muy buena solo falta cocinar un poco más el arroz y sazonar las habichuelas otro poquito". Te lo agradecemos, pues lo has hecho con mucho amor y lo que vale es la intensión. Sé que mañana lo harás mucho mejor, pues en la práctica esta la perfección". "Gracias papi y mami" contesta Shirley. Cuando llega al comedor se da cuenta que toda la comida estaba completa, la habían probado y no les gustó a sus hermanos. Va al cuarto donde están todos y les dice: "Miren muchachos no soy perfecta trato de hacer la comida lo mejor que puedo. Además es mi primera experiencia cocinando arroz, habichuelas y fricasé de pollo mañana mejoraré, pero por favor bajen a comer que no podemos desperdiciar la comida. Hay otras personas pasando hambre y necesidad, por lo menos nosotros tenemos algo de comer.

Al día siguiente visita a Miss Mary y le cuenta lo sucedido con su familia. Miss Mary la consuela y le dice que no se preocupe que ella le continuará dando clases de cocina. Le da un abrazo y le dice; "Serás una gran chef". Precisamente voy a cocinar, hoy vienen a visitarme unas profesoras que trabajaron conmigo, a ellas les encanta mi comida. Prepararé suficiente comida para ellas y para ustedes, les darás la sorpresa a tus padres.

Le dirás que tú me ayudaste así que comencemos a cocinar. Mis Mary comienza a cocinar con la ayuda de Shirley. Ya lista la comida llegan las amigas de Miss Mary. Luego de ser presentadas a Shirley y de conversar un poco, comienzan a comer. Miss Claret comenta; "Que rica está la comida como siempre, te felicito Mary. Ésta contesta; "Fue gracias a la ayuda de Shirley, un trabajo en equipo". Le estoy enseñando a cocinar y confío en Dios que la prepararé para que sea una gran cocinera. Miss June, la otra amiga de Miss Mary le dice: "Shirley si te dejas llevar por ella aprenderás todo acerca sobre la preparación de alimentos y hasta a construir un restaurante" (todas a carcajadas). Se hace tarde para Shirley y ésta se despide para marcharse a su hogar. "Gracias por todo Miss Mary, nos veremos pronto". Shirley sale hacía su casa con la comida en mano.

A su llegada al hogar pasa a ver a sus padres, y éstos les preguntan; "Hija ¿Dónde has estado?, te echamos de menos, hemos estado preocupados por ti". "Perdonen pero fui a casa de Miss Mary mientras ustedes dormían. Ella me estaba dando clases de cocina y le ayudé a preparar la cena para sus amigas y nosotros. "Traje comida para ustedes y los demás". Shirley sirve comida a sus padres, luego pone la mesa y llama a sus hermanos para que se sienten a degustar lo que ella había preparado con su maestra. Se sientan todos a comer y Sasharie, la menor, antes de comenzar dice: "Hiciste arroz crudo otra vez". Kirby pregunta: ¿"Las habichuelas las probaste, no están duras"? Llorando Shirley les sirve a todos y cuando comienzan a probar se sorprendieron de la diferencia en textura y sabor de los alimentos y comienzan a saborear toda la comida. George exclama; ¡"Wow, Shirley hoy está super buena la cena"! Shannyn también la felicita: "Todo te quedó exquisito". Cuando ella va a la habitación de sus padres, estos le abrazan y les dicen; "Gracias mi amor, preparaste estos alimentos con mucho amor, te quedó muy bien, te felicitamos". Contenta Shirley les expresa a sus padres su deseo de ir a la casa de Miss Mary a continuar aprendiendo a cocinar distintos platos. Su mamá Nélida le pregunta qué pasará con sus estudios. Ella contesta; "Mamá, ser Chef de cocina es una profesión, además de las clases con Miss Mary, más adelante tomaré un curso de cocina internacional". "Bien hija si es tú deseo te apoyaré", contesta Nélida. También Shannyn le expresa sus sueños a su mamá; "Mami quiero que Miss Mary me continúe dando tutorías de inglés. Quiero estudiar idiomas, comenzar por el inglés, luego francés, alemán, chino y otros más". "Me haces feliz con tus sueños, estoy segura se te cumplirán" contesta Nélida.

CAPITULO XVII

Una tarde George se encontraba dando un paseo por su vecindad.   Comenzó a llover y decide regresar a su casa. Cuando se está acercando un grupo de jóvenes lo ven y vociferan; "Ahí viene *brujilda*", así le apodaban el grupo de jóvenes a George. Luego gritan : "Vamos a darle una paliza".   Cuando se están acercando hacia él, George retrocede y comienza a correr para evitar que le agredan. George recibe constantemente golpizas de estos jóvenes vecinos y eso le afectó emocionalmente. Decide quedarse callado y no hablarles sobre esta situación a sus padres para no causarles problemas o incomodidad. Él también estaba acostumbrado a recibir burlas de parte de los demás compañeros de clases, que le llamaban por sobrenombres que lo deprimían constantemente. Aún así su sueño y la motivación de ayudar a sus padres y sus hermanos hicieron que George echara a un lado todas esas cosas negativas que él vivía. Pensaba en cómo hacer algo para ganar dinero honradamente.

Ajenos a la situación de su amado hijo George, sus padres encamados e su habitación hablaban y recordaban como se conocieron. Phillip era un joven talentoso con buenos principios y valores que le enseñaron sus padres, quería ser un abogado competente, pero su vida cambió totalmente al casarse. Nélida, cuyo sueño había sido terminar su carrera de pediatría antes de formalizar un hogar, al conocer al hombre de su vida con las cualidades y características que ella siempre deseaba en un hombre, decidió unirse a Phillip y luego proseguir con sus estudios. Ambos sabían que habían aceptado el reto de sus vidas de seguir hacia delante, porque aunque con sacrificios, lo que el ser humano se propone lo puede lograr. Ellos están muy esperanzados en poder salir de la crisis y poder levantarse y convertir sus experiencias negativas en positivas por lo que se mantienen resilentes.

Phillip y Nélida aunque con problemas económicos, ambos se motivan el uno al otro desde sus respectivas camas donde convalecen. Phillip le habla con ternura a su amada esposa para que tenga mucha paciencia con él porque pronto saldrá de la crisis en que viven mientras que Nélida también le habla a su esposo. Ella es muy dulce y le dice; "Mi amor, esto es una enseñanza para nuestros hijos. Cuando ellos vean que ambos nos levantemos de aquí con mucha más fuerza y que hagamos todo lo posible para salir hacia adelante, esto será una gran lección en sus vidas.   Por ahora estamos en el cuarto sin movernos pero eso es solo momentáneo, si así lo quiere Dios. Por algo estamos aquí. Nuestros hijos nos necesitan pero ellos se están poniendo al frente de esta situación. Están positivos y han tomado la iniciativa de asumir el reto de ponerse en el rol de nosotros sus padres, a la verdad que los admiramos como están llevando y administrando la casa, especialmente Shirley y George. Nos están demostrando el amor que tienen para sus hermanos". Entonces Phillip habla de su hijo George; "A pesar de ser un varón tímido actúa como una persona adulta, su amor e interés en ayudarnos demuestra lo valiente que es a pesar de su corta edad. Él es un joven que ama y se deja amar a manos llenas a pesar de su discapacidad, que eso hace que mucha gente le tome lastima. Desde que perdió sus dientes del frente no sonríe como antes y eso hace que se deprima un poco pero tenemos que hacer algo antes de que sea tarde para él".

Para los Jackson Ville, el estar postrados no le imposibilita que vayan dialogando día a día sobre la su situación.   A pesar que están prácticamente solos sin la ayuda de sus padres, pero si les queda la ayuda del hermano de Nélida, que no obstante tiene una situación económica similar a la de ellos, no deja de ayudarlos para que sus hijos no se acuesten sin comer.

CAPITULO XVIII

Mientras transcurren los días, en Puerto Rico el padre de Nélida siente un fuerte dolor en su pecho. Se mantiene en silencio para que su esposa Angelina no se preocupe pero al transcurrir varios días su condición empeora. Don Doug se torna muy débil, su esposa se da cuenta que no está bien y le pregunta qué le sucede. Éste le responde que puede ser que esté pasando por un virus y por eso se siente mal. Ella le contesta que al día siguiente visitarán al médico, ya que hace mucho tiempo no se hace un examen físico. Don Doug se acuesta en su cama y queda dormido y Angelina también.

Al día siguiente, amanece nublado y lluvioso Nélida recibe una llamada de su amada madre, no para saber cómo está su familia, sino para darle la mala noticia del fallecimiento de su padre a consecuencia de un infarto cardiaco. "Hola Nélida" comienza Angelina, "Mi hija sabes que tenemos un término en la vida, unos partimos antes y otros después, a veces es muy duro, el golpe es fuerte pero hay que superarlo". Nélida no entiende las palabras de su mamá pues es la primera vez le habla así y es que la está preparando para darle la noticia. Nélida te amo, también amo a los niños, debes de recibir lo que te voy a decir con mucha fortaleza. Por favor quiero que te tranquilices, me lo prometes? Nélida contesta intrigada: "Sí mami". Angelina continúa: "Tu padre ha fallecido, pero se fue tranquilo mientras dormía. El siempre se levanta primero que yo, y desperté y pensé que todavía seguía dormido porque anoche me dijo que no se sentía bien. Como no se movía decidí llamarlo y no respondió. Estoy muy sufrida después de tantos años de vivir junto a él. Nélida estalla en llanto y Phillip le pregunta; ¿"Qué ha sucedido mi amor"? Nélida con rostro desfigurado y en llanto por la triste noticia le cuenta a Phillip que su padre ha fallecido. Éste también se conmueve y estrecha sus manos, toma las manos de su esposa y las aprieta bien fuerte para solidarizarse con su dolor y a la vez consolarla. Nélida continúa conversando un poco y finalmente se despide de su madre Angelina diciéndole muy apenada; "Mamá me es bien difícil ir a Puerto Rico en estos momentos por la situación que estamos pasando pero desde acá recibe un abrazo bien fuerte desde lo profundo de mi corazón. Más adelante espero poder ir a visitarte, me haces mucha falta. Me comunicaré con Pierce y estoy segura el saldrá para allá inmediatamente.

En medio del luto de sus padres, George recordó que Phillip le había contado que su abuelo, el padre de Amy, mantenía a su familia con ocho hijos limpiando y brillando zapatos. Rápidamente se le ocurrió una idea y se dirigió a un lugar dónde había una fábrica de casas rodantes. Recogió pedazos de madera que había en el área y se marchó a su hogar. Al otro día se levantó entusiasmado y comienza a construir una caja para brillar zapatos, de acuerdo a la descripción que su padre le dijo que era la de su abuelo. Ya terminada se dirige muy entusiasmado donde su padre, causándole lagrimas en los ojos de Phillip. "Papi, voy a brillar zapatos, creo que los puedo ayudar económicamente como tu abuelo ayudó a sacar adelante su familia", dijo George. Su padre le responde, "Mi hijo agradezco mucho tu gesto tan noble, pero debo decirte que en aquellos tiempos era diferente, hoy día no es un trabajo que se pueda depender para vivir. De todas maneras deseo que te vaya bien sí ese es tu deseo. No olvides que mi gran deseo es que tu estudies y te conviertas en un profesional".

Más adelante George sale a casa de su tío Pierce, quien ya había regresado de su viaje a Puerto Rico, a pedirle prestado dinero para comprar los materiales que necesitará para comenzar a brillar zapatos. Llama a la puerta y sale a recibirlo Pierce. "¿Hola tío, cómo estás? "No muy bien, tengo los niveles de azúcar altos", contesta Pierce. "¿Te puedo ayudar en algo?" pregunta George. "No te preocupes ya me tomé el medicamento, espero sentirme mejor pronto". "Tío, le dice George, se me ocurrió la idea de brillar zapatos, pues quiero comenzar a ayudar económicamente con algo a mis padres. Necesito que me prestes dinero para comprar el cepillo y demás materiales para trabajar". Pierce contesta dándole una palmada en la espalda "Bueno sobrino, eso es un gesto admirable de tu parte, no obstante recuerda el que no estudia algún oficio hoy día, no consigue superarse económicamente. Así es que si tu deseo es ayudar a tus padres, adelante, pero recuerda no dejar de estudiar". Pierce busca dinero y le entrega a su sobrino, se abrazan y le desea suerte. Llega George a la tienda a buscar los materiales que necesita. Escoge un cepillo pero se equivoca y confunde un producto para engrasar por betún. Paga en la caja registradora y sale bien motivado.

CAPITULO XIX

Mientras, en un apartamento de clase media, Diane una mujer de me edad que trabaja en el recetario de una farmacia y madre soltera, lucha para que su hijo salga adelante en a vida. Su deseo es que él estudie y se convierta en un gran médico. Morris está en la universidad comenzando sus estudios en medicina, pero desde niño le apasiona cantar. Tanto es así que ha participado en varios concursos de canto.

Estando Morris con su madre viendo un programa de televisión, anuncian un concurso de canto en el canal de TV. Le comenta a Diane "Mami quiero participar en ese concurso". Diane contesta "Hijo, ya has participado en varios concursos y no has tenido suerte, por qué no continuas concentrándote en tus estudios universitarios para que te conviertas en médico"! "Mami, esto sólo será un pasatiempo para mí, siempre me ha gustado cantar. Quiero darme otra oportunidad", contesta Morris. Diane accede y le contesta, "Muy bien hijo, te apoyaré, puedes inscribirte".

El próximo día Morris llama al canal de televisión que presentará el concurso para inscribirse. Al comunicarse le deja saber su interés en el concurso a la persona que lo atiende, y ésta le responde "Señor Morris, lamentablemente ya cerramos las inscripciones, pero de todas maneras le tomaremos su información personal por si alguien decide no participar. Eso ha ocurrido en algunas ocasiones." Al llegar Diane a casa luego de un día de trabajo, Morris está muy triste y le comenta a su madre lo sucedido. Diane responde, "Hijo, sí te conviene concursar se te abrirá una puerta y te llamarán". Morris se siente alentado por las palabras de su madre.

Días más tarde Morris recibe una llamada del asistente del organizador del concurso, pues uno de los participantes desistió de concursar por lo que quedó un espacio por completar. Al contestar su teléfono escucha del otro lado, "¿Hablo con el señor Morris? "¿Sí, con quién hablo?" contesta Morris. "Saludos, le habla el asistente del señor Madison, organizador del concurso de canto del Canal 40. Queremos saber si aún está interesado en participar en el concurso, pues ha surgido una espacio." "Pues claro que estoy interesado, yo soñaba con esta oportunidad!" contesta Morris. " Entonces queda inscrito formalmente para participar, lo esperamos el viernes a las 12:00 p.m. Por favor venga preparado para la audición y muchas gracias por su interés en inscribirse." Morris se siente muy emocionado y motivado e inmediatamente le comunica lo sucedido a su madre.

Llega el viernes, día de la audición, Morris se prepara. Es un día soleado y muy bonito, aunque el día anterior hubo mucha lluvia. Diane lleva a su hijo hasta la estación del canal 40. Mientras tanto George va de camino a esa misma área para comenzar a brillar zapatos. Se establece cerca de la estación. Minutos más tarde llega Morris con su madre frente a la estación y al bajarse pisa un área húmeda con lodo, ensuciando sus zapatos. Molesto se los quita y divisa la presencia de George con su estuche para limpiar zapatos y se dirige a él. "Saludos, por favor me puedes limpiar mis zapatos mientras me registro para participar en una audición?" George acepta rápidamente, es la primera vez que brilla zapatos. Le pasa un paño para sacarle el lodo y luego le aplica la grasa que compró por equivocación por todos lados, quedando muy brillosos. Morris se registra y le informan que es el próximo a audicionar, por lo que corre en busca de sus zapatos. Llega hasta George y toma los zapatos, diciéndole "Perdona, soy el próximo en turno, te pago luego" y sale corriendo hacía la entrada del Estudio. George no había terminado, faltaba pasarle un paño por debajo a los zapatos de Morris para eliminar la grasa, pero no le dio tiempo para informárselo. A su entrada Morris es llamado por el presentador e inmediatamente se pone los zapatos. Se dirige al área de la audición y comienza a cantar una canción de tipo Rap.

La presentación de Morris agradó a espectadores, pues mientras cantaba resbalaba lo que provocó mucha risa entre el público asistente y al jurado. Un miembro del jurado le dice a Morris "Me gustó tu forma de cantar y moverte, de dónde sacaste ese estilo Morris". El estaba muy nervioso y le contesta "Me lo saque de la manga! Soy así, improviso mi estilo". Esta contestación arrancó aplausos y risas. Aún así Morris no cualificó para las finales y quedó fuera del concurso, pues dos miembros no le dieron puntos.

Cabizbajo sale de la estación y se dirige a George. En tono molesto le dice "Oye muchacho, qué le hiciste a mis zapatos que resbalaban tanto? George contesta muy tímidamente, "Disculpe joven, es mi primer día de trabajo nunca he brillado zapatos, lo hago por necesidad. Tengo que ayudar a mis padres que están enfermos y a mis hermanos (comienzan a bajar lagrimas por los ojos de George). Morris mira la lata de grasa e interrumpe a George, "Joven esto no es betún para brillar zapatos, esto se utiliza para engrasar, con razón yo resbalaba tanto." Muy conmovido al ver a George avergonzado, le dice "Discúlpame amigo y no te preocupes, si algún día logro mi sueño te voy a ayudar". Le pregunta su nombre a George y le paga por su trabajo.

Mientras conversan se acerca un casa-talento de una disquera reconocida mundialmente. Se dirige a Morris y le dice "Oye muchacho, me encantó tu manera de cantar y como te mueves". Mi nombre es Carey Jones, toma está tarjeta con mi número de teléfono para que coordinemos una cita para hacerte unas audiciones." Morris muy emocionado le contesta, "Seguro que lo estaré llamando, muchas gracias." Luego cruza la calle hasta donde quedó con su madre que ella lo recogería.

El casa-talento se dirige a George, "Por favor muchacho, brilla mis zapatos que están sucios". George le contesta que no se los puede brillar por que el producto que tiene lo hará resbalar, ya que no es para eso. "No te preocupes, si yo resbalo y me caigo me vuelvo a levantar" contesta a carcajadas. George comienza a limpiar y brillar los zapatos de su cliente. Vuelve y comete el error de engrasar los zapatos por debajo. Ya terminado su trabajo, Carey le da una buena propina y se marcha. Repentinamente resbala cerca, frente a una pareja que está sentada en un banquillo de la calle, se agarra de la cabeza del hombre y le arranca la peluca que tenía puesta y así evita caerse. El señor se levanta sorprendido, Carey le pide disculpas, se quita los zapatos y se dirige a su auto.

Morris ya sentado en el auto de su madre y muy entusiasmado comienza a narrar lo que le sucedió a Diane, quien lo escucha muy sorprendida. Le dice que a pesar de que no fue elegido, se siente satisfecho. "Traté de hacer lo mejor posible, pero los zapatos me resbalaban. Ahora me río porque cause muchas risa en el público. Lo que no puedo entender es por qué me descalificaron, si canté muy bien. Luego voy a reclamar al muchacho que me limpió los zapatos y me dijo que era su primera experiencia haciendo ese trabajo. Su historia es triste, pues lo está haciendo porque sus padres están enfermos, tiene 5 hermanos y quiere aportar al sustento de su familia. Le prometí que si en un futuro se cumple mi sueño, lo iba a ayudar. Mientras hablaba con él se me acerco un casa-talentos llamado Carey Jones de una compañía disquera que estuvo viendo las audiciones. Me dijo que le gustó mi participación y me dio su tarjeta de presentación para que lo llamara y coordinemos una audición. ¿Qué opinas mami?" Contesta Diane, "Mi amor ya sabes que mi ilusión es que termines tus estudios en medicina." "Mami, esta será la última oportunidad que me daré para cumplir mi sueño". Aunque no contenta con el asunto Diane le dice que está bien.

De camino a casa, Diane y Morris pasan cerca del supermercado. Diane pensó en el joven que su hijo le había hablado y se le ocurre una idea. "Morris, que tal si le compramos algunos alimentos al muchacho que te brilló los zapatos. "Seguro que sí mami vamos a ayudarle, deben estar pasándola mal él y su familia, se veía desnutrido y mal vestido" contesta Morris.

George se encuentra todavía cerca de la estación del canal de televisión, repentinamente comienza a lloviznar, toma su equipo y se encamina hacia su casa. Ya casi llegando a la casa se detiene la lluvia. Observa que hay un grupo de jóvenes acercándose como en otras ocasiones con la intensión de golpearlo. Eran vecinos del lugar y de su misma edad. Constantemente se burlaban de él llamándolo por sobrenombres, como "mellao", "brujilda" y también "garza", ya que sus piernas eran largas y flacas. George comienza a retroceder y los jóvenes caminan hacía él. Comienza a correr rápidamente y se le cae el cajón de brillar zapatos, uno de los jóvenes lo toma y lo restalla contra la acera. Los demás siguen tras él pero George se le ha adelantado demasiado y está ya para entrar a su casa, por lo que desisten de seguirlo. George entra a su casa asustado, librándose de los jóvenes.

Ya más tranquilo va a donde sus padres quienes le preguntan cómo fue su día. Con una mirada triste, le contesta que no le fue bien. "Papi, solamente brillé dos pares de zapatos. Un joven se molestó porque le brille los zapatos por debajo y no utilicé el producto adecuado." "Mi hijo los zapatos se brillan por los lados, detrás y la parte de frente. Mañana los brilla como te digo, responde Phillip". George se quedó callado y no dijo más para evitar un disgusto a su padre por lo sucedido posteriormente.
George se levanta y al no tener su cajón para limpiar zapatos, comienza a pensar en qué otra alternativa tiene para trabajar. Se dirige a la habitación de sus padres y los saluda. Se dirige a Phillip y le dice, "Papi, no me gusta brillar zapatos, haré otro tipo de trabajo. Su padre le contesta, "Mi hijo, tu estas muy joven para que te empleen y al no haber completado un oficio es más difícil, pero inténtalo, no te rindas". George sale a la calle en busca de un empleo.

CAPITULO XX

Al día siguiente de la audición, Morris y Diane van al supermercado a comprar alimentos para George y su familia. Salen muy contentos con la compra y se dirigen hasta el edificio del canal de televisión en dónde estuvo George el día anterior. Al llegar, se dan cuenta que él no está y preguntan por el área si alguien lo ha visto o lo conoce. En los comercios de los alrededores solamente lo vieron un solo día por ese lugar. Muy tristes regresaron a casa con su compra.

Morris muy ansioso, decide ir a la compañía disquera. Le pide a su madre que lo lleve en su auto. Cuando llega, pregunta en recepción le muestra a la recepcionista la tarjeta de presentación que le dio Carey Jones y pregunta por su oficina. La recepcionista le indica la ubicación y le dice que Jones se encuentra en su oficina. Diane se queda esperando en el lobby mientras Morris de dirige hacia la oficina de Carey. Mientras camina por el pasillo, va mirando en las paredes los afiches y fotos de artistas muy famosos mundialmente, sorprendido, le parece obvio que es una disquera internacional.

Cuando llega a la puerta de la oficina del caza-talento, toca a la puerta y Carey abre, y lo saluda, "Hola Morris, adelante, pasa". Morris nota que la oficina está prácticamente vacía, sin afiches ni fotos. "Vamos al grano, soy un casa-talento recientemente reclutado por esta empresa para buscar nuevos talentos, personas que tengan potencial para ser cantantes. Vi tu presentación en el canal y me impresionó, no solamente como cantas, sino tu habilidad en el baile. Le hablé a nuestro presidente sobre ti y me comentó que en la actualidad no tenemos un cantante que haga los mismo que tu." Morris responde, disculpe señor Jones, yo no bailo. Carey abre los ojos sorprendido, "Que no sabes bailar... y de dónde sacaste ese ritmo o movimiento que estabas haciendo mientras cantabas en la audición?" Morris contesta, "Señor Jones, lo que sucede es que cuando llegue a la estación del canal, al bajarme del auto caí en un charco y se me ensuciaron los zapatos. Había un muchacho brillando zapatos cerca y le pedí que me los limpiara. Lamentablemente utilizó grasa para brillarlos por debajo y por eso me movía así. Realmente trataba de evitar una caída." Carey le respondió, "Sé de quién me hablas, fui víctima de él, pero yo no bailé. A la verdad que esos pasos que distes impresionaron al presidente de la disquera. Vio el video de tu presentación en el canal y le gustó tu manera de cantar y actuar, pero lo más que le llamó la atención fueron tus movimientos y por eso quiere hacerte una audición. Tendré que hablar con él en nuestra reunión de la tarde para explicarle lo sucedido. Déjame tu número de teléfono para informarte el resultado." Se despiden y Morris regresa apesadumbrado al lobby a buscar a su madre y contarle lo sucedido en su reunión con el caza-talentos.

Llega la tarde y Carey se dirige a la oficina de su jefe Larry Summers. Toca la puerta y Larry le dice "Adelante Carey." Este se sienta frente a su jefe y lo mira fijamente sin parpadear y le dice, "Jefe me reuní hoy con el joven Morris Dey, me explicó que él no baila, fue que le resbalaban los zapatos." Carey le cuenta lo sucedido a Morris con el joven que brillaba zapatos, inclusive su experiencia cuando le brilló los de él. Larry se sintió defraudado, "En serio, todo eso fue un invento de ese muchacho? (Se queda pensando Larry) Oye Carey quiero que me traigas ese joven aquí mañana y que traiga los zapatos engrasados. Habla con mi asistente para que me separe tiempo con él". Carey responde, "Sí señor, así lo haré".

Carey se comunica con Morris inmediatamente para decirle que debe estar en la oficina del Sr. Larry Summers a las 4:00 de la tarde y que debe traer los zapatos engrasados que utilizó en la audición del concurso. Morris le pregunta la razón de llevar los zapatos engrasados, Carey le contesta que el jefe lo quiere así. "Pues así lo haré, estaré allí mañana a las 4:00 de la tarde" contesta Morris bien entusiasmado.

Mientras tanto, George se dirige a visitar a su tío y lo encuentra frente a su casa. Se saludan y se confunden en un fuerte abrazo. Por el lugar va pasando Edd, un amigo de su tío Pierce. Esta persona heredó una fortuna de sus padres, pues tenían restaurantes muy reconocidos en la ciudad por su deliciosa comida. Muchas personalidades del béisbol y de la farándula los frecuentan. Edd se dedica a administrar estos negocios, nunca se ha casado pues no ha tenido suerte en el amor. Le ha sido difícil mantener una relación por su forma de vivir, pues no le gusta gastar dinero, es avaro y tiene un carácter peculiar. Posee un viejo automóvil y no le da mantenimiento a la casa donde reside, por lo que se ve abandonada. Pierce y Edd se saludan efusivamente y Edd le dice, "Sabes cumplo años hoy, llegué a los 61, solamente me falta un año para recibir el Seguro Social (a carcajadas). Pierce contesta, "Felicidades mi amigo, no te pongas viejo que despúes no vas a poder disfrutar tu dinero". No te preocupes, tengo salud en abundancia" contesta Edd. "¿ Pierce y este joven quién es?" Es mi sobrino George que vino a visitarme." Cuando se saludan Edd nota que George le faltan dientes al frente y le pregunta "Oye joven por qué te faltan dientes? George responde, "fue que se me pudrieron y mis padres no tienen el dinero para reemplazarlos". Edd se despide de su amigo Pierce y se marcha en su auto viejo.

Ya a solas con Pierce, George le dice a su tío que debe buscar un trabajo para ayudar a sus padres, ya que no le fue bien la idea de limpiar y brillar zapatos. "Bueno sobrino, tengo melocotones y melones en el terreno de la parte de atrás de la casa. Se me ocurre que compremos unas canastas para colocarlos y los llevemos a la carretera principal cerca de aquí para venderlos. Con eso te puedo ayudar un poco". Al día siguiente George va con su tío a la tienda agrícola para comprar las canastas que necesitan, luego regresan a casa de Pierce a recoger las frutas para salir a venderlas.

CAPITULO XXI

Morris tiene otra oportunidad de demostrar su talento, va de camino con su madre a la casa disquera. Al llegar se baja del auto con los zapatos resbaladizos en mano y se dirige con Diane hasta el lobby del edificio. Morris continúa caminando hasta la oficina de Carey, dónde él lo espera. Toca la puerta y Carey le abre lentamente, su mirada y gesto son distintos a su primera visita, obviamente Carey se encuentra en una situación no muy cómoda con su jefe, pues Morris es el primer posible talento que consiguió para la empresa y no es lo que esperaban.

Luego de un breve saludo Carey le dice a Morris, "Larry se desilusionó cuando le conté tu historia, aún así luego de pensar un poco me pidió que te trajera hoy para hablar contigo. Vamos, acompáñame." Llegan a la oficina de Larry, Carey toca la puerta y Larry ordena que pasen y tomen asiento. Carey le dice a su jefe "Larry él es Morris Dey". "¡Así que era un baile resbaladizo, no era real muchacho! ¿Por qué no lo dijiste antes? Larry pregunta a Morris. "Señor fue todo un malentendido, yo nunca dije que bailaba." "Olvidemos eso, he pensado darte la oportunidad de cantar, pareces un joven humilde y eso me gusta. Vi el video de tu audición y creo que tienes un gran potencial para llegar lejos. "¿Dime, a qué te dedicas?" "Yo soy estudiante de medicina. Ese es el deseo de mi madre, pero desde niño mi sueño ha sido convertirme en cantante. También soy compositor, he escrito varias canciones." Esto impresiona a Larry. Carey, más relajado interviene en la conversación y le dice sonriente a Morris, "Cuéntale al jefe lo de tu coreografía en la audición con el canal". Morris le explica lo sucedido con George y todos ríen a carcajadas. Larry le comenta a Morris, por ese movimiento es que estás aquí hoy. No hubieras tenido esta oportunidad si ese muchacho no te hubiese brillado los zapatos por debajo. Larry prefiere no corroborar los zapatos resbaladizos. "Vamos, quiero que cantes una de tus canciones y si me convences podemos firmar un contrato". "¡Wow! Exclama Morris, espero no defraudarlo. Permítame llamar un momento a mi madre que está en el lobby esperando por mí". "Chico ve búscala, quiero conocerla y si te contrato será tu "manager" dijo Larry sonriente. Morris sale corriendo y llega al lobby donde toma a su madre por un brazo y le dice, "mami corre vamos a la oficina del jefe de Carey Jones, me pidió que cantara y quiere conocerte.

Ambos caminan rápidamente a la oficina de Larry Summers. Cuando entran y Larry ve a Diane se sorprende grandemente y se desmaya. Luego se incorpora y se dirige a la madre de Morris y se disculpa por lo sucedido, pues se conocieron muy jóvenes y eran muy buenos amigos. Estudiaban juntos y ella le ayudaba mucho, pues Diane siempre estaba concentrada en sus estudios. A él lo atraía el ambiente artístico y a veces se atrasaba en las clases. Cuando esto sucedía, la buscaba para que le ayudara a pasar los exámenes. Larry no solamente admiraba a Diane como estudiante, sino también por su gran belleza. "Hola Diane, discúlpame, quedé impactado al volver a verte después de tantos años, ha sido una verdadera sorpresa. Mira las casualidades de la vida, si no es por tu hijo que te trajo hasta aquí, tal vez nunca te hubiera vuelto a ver". Diane también se emocionó y lo abrazó. "Larry, siempre te admiré eras un joven talentoso y sabía que ibas a llegar muy lejos, siempre te lo decía. Encontrarme contigo nuevamente ha sido una alegría para mí". "Con que Morris Dey es tu hijo le dice Larry. Vi un video de una audición que él hizo y lo que me llamó la atención fue sus movimientos mientras cantaba, que resulta que no estaba bailando. De todos maneras decidí darle la oportunidad de oírlo cantar, si pasa la audición entonces preparamos un contrato. Tu, Diane, puedes ser su "manager" (a carcajadas).

Muy contentos madre e hijo se abrazan y todos pasan al salón de audiciones donde el equipo de trabajo está verificando que todo esté listo. Morris le comenta a Diane que le gustaría cantar una balada, su madre le contesta que es buena idea, pues es la música que más le gusta. Morris se dirige a Larry y le dice, "Quiero cantar una balada de mi propia inspiración. "¿Tu también compones?" "Desde niño, siempre lo he hecho tengo alrededor de 25 canciones de mi autoría, a mi me gustan todos los géneros musicales, pero prefiero la balada, contesta Morris." "Que bien, entonces eres canta-autor, te felicito" dice Larry.

Todo está listo para que comience y Morris espera que esta sea la oportunidad soñada para dar el salto musical como cantante. Morris comienza a cantar con todo empeño, se visualiza en un escenario lleno de público dando un concierto, vive la música, vive la letra de la canción. Quiere transmitir su cántico de manera que se deleiten tanto él como los espectadores. Su actuación no solo demuestra su talento para cantar sino también su dominio en el escenario. Diane y Larry se dan una mirada de ternura y de satisfacción. Termina de cantar y Morris mira a su madre y se confunden en un abrazo. Con lagrimas en los ojos Diane le dice, "Que canción tan linda hijo." Larry y Carey se dirigen a donde él para abrazarlo y felicitarlo. "Muchacho, esta canción puede estar en el *Hit Parade* a nivel mundial" le dice Larry. Definitivamente vamos a preparar el contrato para que trabajes para nosotros. Carey y Morris *se chocan las manos*. Diane y Larry conversan un poco y se despiden.

De camino a casa Diane le habla a Morris sobre la canción que interpretó, "Esa canción le gustó tanto a Larry, en su mirada reflejaba que estaba muy complacido. Me comentó que nunca había oído una canción tan llena de sentimientos y tan constructiva. Me dijo que quisiera que todas tus canciones fueran así de bellas como yo (a carcajadas)". Mami, vamos por el camino en busca de cantar lo mejor, no me imagine cuando escribí esta balada que iba a gustar tanto".

Por un momento Morris se quedó pensativo, luego le dice a Diane "Mami, quisiera que pasemos por el edificio de la estación de televisión, quizás veamos el joven que brilla zapatos. Le podemos dejar un dinerito para que le ayude a su familia. Realmente él fue el responsable de que yo vaya a firmar un contrato con la disquera. Tengo que agradecer a Dios por colocarlo en mi camino, a veces los hechos que parecen negativos tienen un propósito en nuestras vidas. Me voy a dar la tarea de encontrarlo para poderlo ayudar económicamente. ¿Mami, tu crees que podamos ayudarlo para que se le puedan restaurar sus dientes? Diane responde con mucha alegría "¡Claro que sí hijo"! Van por el edificio del canal, pero no lo ven y continúan la marcha hacía su hogar.

CAPITULO XXII

George y su tío ya recogieron las frutas del patio, las colocaron en las canastas y llegan en el auto de Pierce al lugar donde las van a vender. Luego de acomodar las canastas cerca de la carretera, Pierce le dice a su sobrino que se quede vendiendo las frutas mientras él va a la farmacia a buscar sus medicamentos.

Entre las personas que se estacionan a comprarle a George llegó doña Emma que había dejado de trabajar para atender a su mamá, una ancianita. Está a punto de perder su casa, donde lleva residiendo hace 20 años, pues tiene seis meses de atraso en el pago de su hipoteca. Doña Emma tiene una colección de billetes antiguos de gran valor y le pide a su vecino Clark que la lleve a venderla al Departamento del Tesoro, ya que ella no puede manejar por una condición visual que padece. Al entregar la colección, el oficial del tesoro le informa que le falta un billete de $5.00 para completar la misma, "Señora, si usted consigue el billete que falta, entonces la podemos adquirir. Esta colección tiene un valor millonario, pero necesitamos el billete que fue hecho en el 1820 para completarla, ya que es el que más valor tiene por ser único. Doña Emma se sintió triste, y sale del lugar sin el dinero que necesita para no perder su casa.

Al llegar cerca de la carretera que está George vendiendo le pide a Clark que se detenga a comprar melocotones, su fruta favorita. George se acerca y ella le pide melocotones. Ella le paga con un billete de $10.00. George va a darle su cambio pero Clark pone el auto en marcha y se van del lugar. George corrió tras el auto hasta que éste se detuvo en el semáforo y se paró por el lado donde doña Emma estaba sentada y le dice, "Señora, su cambio". Ella contesta, "Muchacho, quédate con el cambio ya que hiciste el esfuerzo en correr hasta aquí. Eres una persona muy honrada. No señora, es su cambio y puede que le haga falta (se lo pone en la mano). Ella toma el billete por un lado sin darse cuenta que es el que le falta para completar la colección. En ese instante cambia el semáforo y Clark comienza la marcha. El billete se rompe, doña Emma se queda con una parte y George con la otra. Ella se ríe a carcajadas.

Cuando llega a su casa mira el billete roto nuevamente y se da cuenta que ese billete que le ha entregado el joven de las frutas, es el de $5.00 que le faltaba para completar su colección. Comienza a dar gritos de alegría y corre hacía la casa de su vecino Clark para darle las buenas noticias. "Vamos al Departamento del Tesoro nuevamente, mira tengo el billete que faltaba", le dijo a su vecino. "Es éste, el que el muchacho de las frutas me devolvió". "Pero doña Emma, sólo tiene la mitad del billete" contesta él. "No importa, yo se lo llevo, lo comprarán así, vamos inmediatamente".

Clark y doña Emma se dirigen hasta el auto, pero cuando ella va abrir la puerta, Clark pone el auto en marcha rápidamente sin darse cuenta que su pasajera no se ha montado. Como ella siempre va muy callada, él no nota rápidamente su ausencia y casi llegando al Departamento del Tesoro, se da cuenta que doña Emma no está y se devuelve a buscarla. Doña Emma está tan emocionada no puede esperar y toma un taxi. Tan pronto llega a su destino, se baja tan de prisa y olvida pagar al taxista. Entra corriendo al edificio con su colección de billetes en mano y llega hasta el oficial que la atendió la primera vez.

Al oficial ver la mitad del billete, le deja saber que no puede aceptar el billete incompleto, ya que esto no tiene valor. Nuevamente sale doña Emma rápidamente del lugar, pero esta vez se va caminando hasta la casa de Clark.

A esa hora de la tarde ya George había vendido todas las frutas y le da el dinero a su tío y también le enseña la mitad del billete que tiene y le cuenta lo sucedido. Pierce, sonriente, lo mira y le dice, "toma tu parte de las ventas de frutas y guarda la mitad de ese billete para que lo tengas de recuerdo de nuestro primer día de ventas.

Doña Emma llega a la casa de su vecino Clark, pero no lo encuentra por lo que sigue hasta su hogar. Clark la está esperando frente a la casa y ella le pide que por favor vayan hasta el lugar donde compraron las frutas para pedirle la otra mitad del billete de $5 que ella necesita. Ella que usualmente no hablaba mucho, le contó a Clark lo sucedido en el Departamento del Tesoro. También le dijo, "¡Ese joven me estaba devolviendo el billete que me sacará de la pobreza por completo! Eso me devolvería mi casa y pagaría todas mis deudas. Me parece que él es muy pobre, le faltaba la dentadura del frente y no se atrevía abrir mucho la boca, tan humilde. Creo que le daré algún dinerito para ayudarlo". Doña Emma estaba bien ansiosa por lo que le solicita a Clark que aceleré, pues se está haciendo tarde. Cuando llegan al lugar ya George se había marchado.

Llega George a su casa y les da las buenas noticias a sus padres, le contó todo lo que había hecho con su tío Pierce. "Papa, (dijo muy entusiasmado) mañana iré a comprar alimentos con el dinero que me gané. Mira este billete extraño, le fui a dar su vuelta a una señora, pero el auto que iba comenzó su marcha y se partió en dos. Lo voy a guardar como recuerdo de este mi primer día de trabajo vendiendo frutas.

Al día siguiente George sale temprano hacer sus compras. Para no toparse con los jóvenes que se burlan de él y lo golpean, decide tomar otro camino. Va caminando tranquilo y confiado hacía el supermercado. No se da cuenta que está tomando un camina equivocado. Como es la primera vez que tiene esa cantidad de dinero en su bolsillo, pone su mano dentro del mismo para estar seguro de que está ahí. Continúa buscando el camino hacía el supermercado, pasan 30 minutos y se da cuenta que se ha perdido, pues no conoce el lugar. Su timidez no le permite preguntar a persona alguna. Mira hacía adelante y ve un puente y se detiene a contemplar el mar. Saca el dinero de su bolsillo y comienza a contarlo nuevamente y de repente una fuerte brisa le arrebata el dinero y cae al mar. En su desesperación trata infructuosamente de llegar a recogerlo, pero el viento lo mueve de un lado a otro. George sigue observando con mirada fija hacía donde se va moviendo y ve que llega a la orilla del mar. Corre desesperadamente hacía el lugar y cuando pasa por debajo del puente se topa con un deambulante que está herido por una caída. George lo mira asustado, pero continúa para buscar su dinero. El deambulante le pide ayuda, "Por favor, tráeme aunque sea un poco de agua salada para limpiar mis heridas". George de momento ignora su petición y busca un palo alargado para tratar de recobrar su dinero. Pudo recuperar $30, casi la totalidad.

Regresa por donde está el deambulante, ve que está dormido y observa que ha sangrado y la sangre se ve seca. Se dobla en cuclillas y le habla, "Señor, señor, ¿que le ha pasado, me permite ayudarlo? El deambulante despierta, se voltea y le dice "Por favor muchacho, tráeme agua aunque sea salada, llevo varios días sin tomar agua y sin comer" George le contesta, "No se mueva por favor, le buscaré agua, vuelvo pronto.

El joven George sale a toda prisa buscando un lugar donde pueda conseguir agua y encuentra una farmacia. Entra al lugar y se dirige a una nevera a buscar una botella de agua, luego pasa al pasillo donde ésta el alcohol y gasa. Pasa por la caja registradora y paga con su dinero, la cajera los sacude porque el dinero aún está mojado. Vuelve hasta donde se encuentra el hombre herido, le ayuda a tomar del agua y le pregunta que si le permite limpiar sus heridas. El deambulante con gesto de dolor le contesta con su cabeza que sí. George procede a limpiar y curar las heridas de aquel hombre con mucho cuidado y con compasión. Cuando termina y se va a retirar, el hombre lo llama y George retrocede hacía él. "Oye joven, nunca alguien había hecho por mi lo que tu hiciste hoy, me trajiste agua y curaste mis heridas. ¿Qué te hizo llegar hasta aquí"? George lo miraba y observó que también le faltaban los dientes del frente y le contesta "Fue que saqué mi dinero en el puente y el viento me los arrebató y llegaron hasta la orilla del mar. Vine tras ello y los recuperé casi en su totalidad. Lo que tengo es para comprar alimentos para mis padres que están encamados". El deambulante también lo observó y al verlo vio que también le faltaban sus dientes del frente y le dice " Estas como yo, te faltan dientes, pero eso a mi no da complejo. Soy un deambulante, vivo aquí hace varios años y nunca había venido alguien por aquí. Sufrí una caída y trato de moverme pero parece que tengo fractura en la pierna y no puedo". "No se preocupe, contesta George, le buscaré ayuda".

A George se le olvida que ya es tarde y su familia comienza a preocuparse. Su hermana mayor va al cuarto de sus padres y le dice "Papi, mami, George no ha llegado aún. Salió a de compras y no ha regresado. Sus padres se preocuparon tanto que Nélida llamó a su hermano Pierce. "Hola Pierce, ¿Cómo estas? Has visto hoy a George, salió en la mañana para comprar alimentos y aún no ha llegado. ¿Sabes algo de él"? "No Nélida, contesta Pierce, él no ha venido hoy para acá. Me preocupa esta situación, me daré a la tarea de buscarlo". "Por favor has eso, porque es muy raro que no haya llegado y parece que no iba lejos porque su bicicleta está aquí", le dice Nélida.

Mientras tanto George deja al deambulante y va en busca de ayuda para que sea llevado hasta un hospital a recibir atención médica. Camina varios metros y ve una patrulla con dos policías esperando frente a un semáforo. George corre hacía la patrulla y se va por el lado izquierdo del auto. El policía baja el cristal de la ventana y rápidamente le informa la situación del deambulante herido debajo del puente. "De qué puente estas hablando"? Preguntó el policía. "Síganme" contesta George y comienza a correr velozmente. El policía le grita, "Espera joven, sube al auto para ir juntos", pero George no lo oye pues se ha ido alejando. Los oficiales tuvieron que activar el sistema de alarmas del la patrulla para tratar de abrirse paso tras George, quien iba muy rápido. Al llegar al puente los oficiales detienen el auto y se bajan. George señala para el lugar donde se encuentra el hombre herido, "Vayan por él por favor, está abajo. Yo me tengo que ir, pues mis padres deben estar preocupados por mi ausencia." George sale corriendo rápidamente del lugar.

CAPITULO XXIII

En otro lugar de la ciudad, en la casa de la familia Welch hay mucha tristeza, ya que su mascota lleva varios días desaparecida. La hija menor llora diariamente por que no ve a su perrito pequinés de tres años. Sus padres Bruce y Emmlye han buscado por todas partes, han puesto pasquines con la foto del perrito, anuncios de recompensas. Éste tiene un collar con su nombre y número de teléfono, así es que si alguien lo encuentra pueda devolverlo.

George sigue apresurado camino a su hogar, desiste de hacer compras en el supermercado, pues es tarde y no quiere alarmar a sus padres con su prolongada ausencia. Va caminando por una avenida por donde no hay casas, a un lado hay un parque y muchos árboles. De momento escucha unos ladridos, mira hacía la izquierda de donde vienen los ladridos y ve entre los árboles un perrito en la grama. Va hacía él y el perrito comienza a gemir. Lo toma en sus brazos y se da cuenta que algo pasa con sus patitas. Al perrito lo atropelló un auto y tiene sus patas fracturadas. George continúa rumbo a casa con el perro.

Casualmente los policías que habían asistido al hombre herido, pasaban por la carretera de regreso del hospital donde lo dejaron. Uno de ellos se percata y le dice a su compañero, "Mira al joven que nos llevó hasta el deambulante herido, lleva a un perrito en sus brazos". Se acercan a George y se detienen, lo saludan y le informan que ya dejaron al hombre que estaba herido recibiendo asistencia médica en el hospital y lo felicitaron por avisarles y salvarle la vida. Oyen al perrito gemir y le preguntan qué le pasa al perrito. George contesta que iba buscando el camino a su hogar cuando lo escucha ladrar y lo ve en la grama. Cuando se acerca comenzó a gemir, lo tomó en sus brazos y se dio cuenta que tiene sus patas lastimadas. Entonces decidió llevarlo a su casa para cuidarlo. Los policías ven que tiene una placa en el collar y le dicen a George "Ese perro tiene dueño, vamos a verificar que información tiene la placa. Los oficiales vieron el número de teléfono y contactan los dueños. Estos les dijeron a los oficiales que saldrían inmediatamente en busca de su mascota. Luego de 10 minutos llegan al lugar. Uno de los oficiales le entrega al perrito y señala hacía donde George. Oigan, aquel joven encontró a su mascota herido. La niña rápidamente y muy feliz toma su mascota en brazos. Bruce y Emmlye le entregan a George un dinero como recompensa por encontrar a su perrito, le agradecen y se marchan hacía el veterinario.

Los oficiales de la policía dialogan con George y se ofrecen a llevarlo a su casa, ya que estaba a 15 minutos del lugar donde vive. George accede y se monta en la patrulla. Los oficiales le preguntan si estudia o qué hace con su vida. George muy tímidamente le cuenta la situación de sus padres y su interés por ayudarlos a ellos y sus a sus hermanos, pues son pobres pero él confía en poder sacar su familia adelante. Los oficiales se miraban apenados por la situación de este jovencito. Ya frente a la casa se despiden y le desean mucha suerte a George. Antes de retirarse toman nota del número de la casa y el nombre de la calle, pues querían ayudar a este joven con tan noble corazón.

Al entrar George a su casa, se forma una algarabía entre sus hermanos por su llegada. Él rápidamente se dirige a la habitación de sus padres. Phillip lo abraza y le dice "Hijo, ¿dónde estabas? Estamos muy preocupados por ti, no hemos comido" Nélida al verlo, no lo regaña, sino que le pide que se acerque y le da un abrazo. "Me siento muy feliz al verte en casa. ¿Cuéntanos que te ha sucedido que has estado fuera por tantas horas"? George procede a contarle lo sucedido durante este largo día.

Mientras tanto en el cuartel de la policía donde trabajan los oficiales Wood y Shaquille que llevaron a George a su casa preparaban un cuarto como centro de acopio. Les explicaron a los demás oficiales y empleados lo que pretendían hacer para ayudar a George y ellos decidieron cooperar para beneficiar a la familia.

Luego de varios días de comenzar está iniciativa que recibió el apoyo masivo de los oficiales y empleados en beneficio de la familia Jackson-Ville, los oficiales Wood y Shaquille buscan un vehículo *pick-up* para transportar las donaciones. Entre los alimentos que donaron había paquetes de arroz, latas de habichuelas, cajas de leche y salchichas. También donaron artículos para aseo como jabones de baño, pasta dental y detergente. Ya cargada la *pick-up* por otros agentes y con un conductor listo para llevar la mercancía, los oficiales Wood y Shaquille abordan su vehículo oficial para escoltar las donaciones.

Frente al hogar de la familia, los oficiales bajan del auto y le indican al conductor de la *pick-up* que se estacione. El oficial Wood llama a la puerta de los Jackson. Shirley, la hija mayor de la familia abre la puerta. El oficial Shaquille la saluda y le dice, "Somos agentes de la policía de este precinto y venimos a entregar unas donaciones en nombre nuestro y de los empleados del cuartel que trabajamos. ¿Se encuentran tus padres? Shirley contesta, "Sí oficial, están aquí pero ellos están encamados. Ellos sufrieron un accidente y tienen yesos puesto, pero esperamos pronto se los quiten". "¿Entonces podemos pasar?" Pregunta Shaquille. "Sí, adelante pueden pasar", contesta Shirley, perdonen el desorden.

Ya dentro de la casa, llegan hasta la habitación de Phillip y Nélida donde ambos están viendo un programa en su pequeño televisor. Al ver a los agentes, se sorprenden y Phillip pregunta asustado "¿Oficiales, qué ha pasado"? Tranquilo, no se preocupe todo está bien. Vinimos a entregarle donaciones de oficiales y empleados de nuestro cuartel para usted y su familia contesta Wood. La pareja Jackson -Ville comienza a llorar. Entre sollozos Nélida le pregunta "A qué se debe este gesto tan generoso de parte de ustedes"? "Fue su hijo George que nos motivó a brindarle nuestra ayuda. Él es un joven que le gusta ayudar a los demás, pues lo conocimos cuando ayudó a que un deambulante recibiera asistencia médica por sus heridas, luego encontró un perrito que estaba herido y lo tomó en brazos con intención de ayudarlo también. Yo soy el agente Wood, mi compañero el agente Shaquille y ambos le tomamos mucho cariño por su humildad y el compromiso con hacer el bien." "Ciertamente, contesta Phillip, desde pequeño él ha sido bien cooperador y se esfuerza por ayudarnos en todo, tanto a nosotros sus padres, como a sus hermanos".

Los agentes Wood y Shaquille le preguntan a Phillip si tiene un cuarto en dónde le puedan colocar las cajas con alimentos y artículos de aseo, pero Phillip le contesta que todas las habitaciones están ocupadas, por lo que pueden colocarlas en la sala. Ya terminando de colocar la última caja, todos los oficiales pasan a despedirse de los Jackson-Ville y preguntan por el protagonista George. Su madre le contesta que él se encuentra en casa de su tío buscando qué hacer para ayudar la familia. Shaquille responde, "Pues señores, ahí le dejamos suficiente alimento para varios meses". Phillip y Nélida se miraron emocionados, "Phillip contesta, "Reciban ustedes y todos los responsables de esta donación, el más profundo y sincero agradecimiento de parte mía y de mi familia. Espero sean retribuidos por este gesto tan noble. Los oficiales se despiden muy emocionados y sobretodo satisfecho por haber logrado su propósito, dejando a los hermanos de George saltando de alegría, pues tienen suficiente alimento para no pasar hambre por mucho tiempo.

CAPITULO XXIV

Morris Dey se convierte en cantante y comienza a sonar su tema '*Sueño de un cantante"* en la radio. Ésta se escucha en toda la nación y varios países en diferentes idiomas, pues Morris sabe 5 idiomas. Las ventas de CDs rompieron record mundialmente, le llegó la fama y el dinero al joven cantante. Diane renuncia a su empleo como farmacéutica y se convierte en la manejadora de la carrera de su hijo. Morris comienza presentaciones por todo el mundo. Luego de varios meses con sus giras artísticas y entrevistas, regresa a su hogar para unos días de descanso.

Una tarde Morris habla con su madre y le expresa su deseo de abrir una Fundación. También le expresa que se va a dar a la tarea de encontrar aquel joven que fue responsable de que el tuviera la oportunidad de conseguir su sueño y saltar a la fama. Planifica junto a Diane realizar una búsqueda para conseguir a George. Primeramente se dirigen a un profesional en la confección de bocetos. Morris describe a George y consigue que los rasgos sean casi idénticos a los de aquel joven. Luego se dan a la tarea de ir por sectores pobres en busca de él. Pasan varios días y no dan con el paradero de George. Morris decide delegar en Carey el caza-talentos para que continuara la búsqueda ya que él debía salir de viaje a promocionar su próximo CD.

Hoy George se dirige a casa de su tío Pierce en una bicicleta que compró en un mercado de pulgas para poder moverse con mayor facilidad. Quería evitar ser alcanzado por la pandilla de jóvenes crueles del vecindario. Ese día doña Emma va con su vecino Clark en el auto en busca de George. Al pasar por la avenida principal, Clark logra ver a George y dice, "doña Emma, ahí está el joven que buscamos". "Vamos tras él, apresúrate" contesta doña Emma. Pero una congestión de transito evita que puedan acercar el auto a él, por lo que doña Emma baja del auto y comienza a caminar de manera apresurada. Se le hace difícil alcanzar a George, por lo que ve una patineta que otro joven había dejado para entrar a un supermercado y la toma prestada, se monta y sigue su marcha tras George. En ese momento George se detiene porque se le sale la cadena a la bicicleta y ella choca con él, cayendo ambos en el pavimento. George se levanta y toma a doña Emma por el brazo y le pregunta "¿Señora, usted está bien? "Sí, estoy bien, solo tengo unos rasguños" contesta ella. "¿Te acuerdas de mí jovencito?" George la miró tratando de recordar, "cómo que la he visto antes" contestó. Doña Emma le narró lo sucedido con el billete el día que fueron a comprarle los melocotones. George contesta, "Sí, recuerdo, tengo en mi casa la otra mitad del billete guardado". "Hijo, por favor puedes devolvérmelo, tengo una colección de billetes antiguos y me falta esa mitad para que esté completa y poderla vender, serás recompensado", le dice doña Emma. Señora, tenemos que ir hasta mi casa, lo tengo guardado en mi habitación". En ese momento llega el joven dueño de la patineta y se la pide a doña Emma. Gracias joven, perdona pero la tuve que tomar prestada para alcanzar a este muchacho; te aseguro que te la iba a regresar" dice doña Emma. El joven se marcha del lugar con la patineta. En ese momento llega Clark y ella le pide a George que por favor vayan a su casa en el auto a buscar la otra mitad del billete de colección. George le pregunta a Clark si puede montar su bicicleta en el auto, a lo que éste responde que la acomodará en el baúl.

Al llegar a la residencia de George, él le pide que pase a conocer a sus padres que están encamados y ella accede. George se sorprende al ver las cajas que estaban en la sala, pues eran las donaciones de los oficiales de la policía, pero continúa. Les presenta a sus hermanos, doña Emma observa su ropa deteriorada y les parecen un poco desnutridos. George la lleva a la habitación de sus padres pero ellos se encuentran dormidos debido a los medicamentos que toman. Entonces él la lleva a su habitación, y levanta el colchón donde está el billete guardado. Ella nota que la habitación, como el resto de la casa no está en buenas condiciones. George le entrega la mitad del billete y le da un abrazo. A ésta le causa tanto dolor y tristeza de la manera que vive este joven y su familia y le da un beso y un abrazo muy fuerte. Le promete a él que regresará muy pronto a cambiar su vida y la de su familia.

Cuando despiertan sus padres, George le cuenta que tuvo la visita de una señora muy elegante. Ella era la dueña del billete partido por la mitad, ya que era de una colección que ella iba a vender. Su padre le contesta "Por qué la invitaste a pasar, tu sabes que esta casa no está en condiciones para que nos visiten personas desconocidas. Sí alguien le trae está situación al gobierno, nos puede remover los niños del hogar. Ya pronto nos quitan estos yesos y espero poder comenzar a trabajar y poner esta casa en orden. Sí, tenemos que arreglar esta casa que está tan deteriorada.

Al día siguiente George se dirige a casa de su tío y lo encuentra en el patio de su casa. Abre el portón, entra y saluda a su tío. "Hola tío Pierce ¿Cómo estás?" "Muy bien mi sobrino", estoy roseándole agua a las frutas para que se mantengan frescas y poderlas vender". Tío, papi quiere arreglar la casa cuando comience a trabajar. Quiere conseguir una persona para que la pinte por dentro". "Bueno sobrino yo tengo un amigo que se dedica a restaurar y pintar casas antiguas, vamos a visitarlo para hablar con él sobre el asunto y se me ocurre que tal vez te pueda dar trabajo". Ambos se montan en la camioneta de Pierce y salen hacía la casa del amigo de éste.

Cuando llegan a la casa, llaman a la puerta y sale el amigo de Pierce. ¿"Hola Stuard, cómo estás"? "¿Hola Pierce, adelante, en qué te puedo servir"? "Él es mi sobrino George, hijo de mi hermana Nélida. Está buscando trabajo, pues necesita dinero para ayudar a su padre a hacer mejoras en la parte interior de su hogar. Tienen que comenzar pronto, ya que mi cuñado teme de que personal del Departamento de la Familia llegue hasta el hogar y le remueva los niños por el estado tan deteriorado que se encuentra la casa". "Amigo Pierce, en este momento estoy en la etapa final de la restauración de una casa. Me falta pintar el interior, debo entregarla terminada pronto y necesito más ayuda. Por cierto necesito un ayudante de pintor. Se dirige a George ¿Joven, sabes pintar"? "No señor, pero si me da la oportunidad puedo aprender rápido, yo tengo mucho interés para poder ayudar a mi familia" contesta George. "Esa es la actitud, pues dame la dirección de tu casa para recogerte en la mañana.

Al día siguiente Stuard pasa a recoger a George a su casa. Suena la bocina de su camión. George sale rápidamente y aborda el camión. Stuard lo saluda y le pregunta si está preparado para trabajar. George contesta que sí está preparado y sonríe. Stuard ve que el joven no tiene su dentadura completa y le pregunta; "¿Por qué no tienes dientes?"

"Señor Stuard sufrí una enfermedad llamada piorrea y perdí mis dientes. Mis padres no tienen recursos económicos, por lo que no se pudo prevenir y mucho menos para conseguir remplazarlos. Somos 8 de familia y es muy dura nuestra situación, por lo que tuve que dejar de ir a la escuela para buscar trabajo. Mis padres ambos tuvieron un accidente y no trabajan por que están encamados, pero esperamos pronto le quiten los yesos" responde George. Mientras conversan, Stuard continúa su marcha hacía el lugar que realizarán las labores.

Ya frente a la casa que se está restaurando, Stuard recibe una llamada de su esposa Roxanny. "Hola mi amor, olvidaste que tengo cita médica hoy", dice Roxanny. Ay mi amor perdona, es que debo terminar esta casa lo antes posible, pues los dueños llegan esta semana de Canadá y el trabajo debe estar terminado. No te preocupes, pasaré a recogerte pronto, pues dejaré un joven aquí trabajando mientras llegan los demás empleados". Stuard entra rápidamente a la casa y le da instrucciones a George. "Con mucho cuidado vas a subir por esta escalera a pintar el borde de arriba, el espacio entre el techo y la pared". George mira muy atento a Stuard mientras éste le enseña como se maneja la brocha y la cantidad de pintura que debe utilizar para cubrir bien la pared. "Tengo que salir un momento" dice Stuard. Mira un mensaje en su teléfono celular y le dice a George, "Parece que mis otros dos empleados no llegarán hoy. Ellos viajan en tren y hay una gran avería que quizás no le permita llegar hoy. Sigue mis instrucciones mientras regreso. Hasta luego", se dirige hasta la puerta sale y la cierra.

George toma la escalera, la abre, pero no se asegura que esté completamente abierta y sube con la lata de pintura y brocha en mano. Observa un cuadro con una pintura de un pelotero de Grandes Ligas. A penas comenzó a pintar, pierde el balance y la escalera se cae hacía atrás. George cae de pie lanzando un fuerte grito que es oído por los vecinos. La lata de pintura cae y salpica el cuadro y hay pintura por todos lados. George, a pesar de que siente un fuerte dolor, comienza a limpiar con un paño y a sacar la pintura del piso. Una vez se fija que al cuadro le cayó pintura, trata de sacarla y éste se mancha.

Stuard ya ha dejado su esposa en su cita médica y regresa a la casa que está restaurando. Entra y ve a George con su ropa llena de pintura y cojeando. "¿Perooooo quéeee paso aquí? Pregunta Stuard con las manos en la cabeza. "Lo siento señor Stuard, la escalera se fue hacía atrás provocando que me cayera con la lata de pintura". Stuard mira el cuadro y molesto se lamenta y dice "¡Mala mía, se me olvidó quitar el cuadro! Qué haré, está manchado con pintura y no se puede eliminar. El dueño me pidió que lo quitara antes de pintar y lo olvidé. Es una imagen de su padre cuando jugaba en las Grandes Ligas. El dueño de la casa también fue pelotero, pero no tan famoso como su padre".

En ese momento se abre la puerta y entra el dueño de la casa el Sr. Martined Wayne y su esposa Cloe. Stuard con cuadro en mano dice "Que sorpresa señor Martined, lo esperaba el viernes y hoy es lunes". Martined respondió, "Tuve que adelantar mi viaje, surgió una reunión urgente con mi equipo y tuve que regresar hoy". Martined al ver que tiene el cuadro le pregunta, "¿Le gusta el cuadro?" "Sí mucho", contesta Stuard. Cloe al ver a George le comenta a su esposo del gran parecido físico que tiene con su hermano que falleció cuando ambos eran jóvenes. Ésta pregunta, ¿"Stuard, él es tu hijo? "No señora, él es sobrino de un amigo mío, lo traje para que me ayudara con la pintura" contesta Stuard. Entonces Cloe se dirige a George, "¿Joven, cuál es tu nombre?" "George, George Jackson", contesta tímidamente. Ella le sonrió y él le correspondió a su sonrisa. Entonces Cloe se da cuenta que le faltan sus dientes. George, tus eres muy joven, ¿No asistes a la escuela"? "Es que quiero ayudar a mi familia, mis padres están encamados y tengo 5 hermanos" contesta George. En ese momento Martined se da cuenta que el cuadro de su padre está manchada con pintura y pregunta a Stuard ¿"Quién hizo esto"? "Fue un accidente, George resbaló de la escalera con la lata de pintura, pero es toda mi responsabilidad señor Martined. Yo le pagaré el cuadro de su padre" contesta Stuard. Cloe miró a su esposo y éste contestó a Stuard, "Tranquilo, te lo regalo, tengo otros que puedo colocar en esa pared". Stuard agradece a Martined y le comenta que llevará a George hasta el hospital para que le tomen una radiografía, ya que se lastimó el pie izquierdo cuando cayó de la escalera. "Hasta mañana, señor Martined, señora Cloe, prometo que le completaré el trabajo de su casa antes del viernes".

Luego que Stuard y George se despiden, Martined y su esposa hablan sobre George. Cloe siente lastima por la condición de George, sobretodo que tan joven no tenga su dentadura delantera completa. De momento pasa por su mente una idea y decide comunicarse con su amiga Jenny, quien es Odontóloga. "Hola Jenny, te habla Cloe. ¿Cómo estas querida? "Saludos Cloe, estoy muy bien, trabajando en mi oficina. Hace tiempo que no hablamos, ¿Te encuentras bien?" contesta Jenny. "Si mi amiga, estoy bien. El propósito de mi llamada es para pedirte un favor. Sucede que conocí a un jovencito que está trabajando en la remodelación de mi casa y le falta la dentadura del frente, es un muchacho sin recursos económicos y me interesa ayudarlo. Tiene un gran parecido con mi hermano mayor, el que falleció víctima de Leucemia y me conmovió su aspecto tan pobre" le dice Cloe. "Amiga querida, envíalo para acá, con mucho gusto lo atenderé, tu sabes que para eso estamos". "Muy bien Jenny, voy a llevarte a George. Yo me hago responsable de cubrir los gastos para que este joven pueda tener su dentadura completa". Cloe termina la conversación con su amiga y le cuenta a su marido lo sucedido. "Mi amor, acabo de hablar con Jenny para comunicarle mi deseo de ayudar a George a que pueda tener su dentadura completa. Ella está de acuerdo en recibirlo en su oficina, por favor habla con Stuard para que coordinemos una visita a su consultorio. "Mi amor, dice Martined, estoy totalmente de acuerdo, yo pensé lo mismo. Se ve que es un joven muy humilde, callado y parece que ha sufrido mucho."

Mientras caminan por la casa viendo la remodelación, Cloe le comentó nuevamente a su esposo el parecido que George tiene con su hermano, "Me tocó profundamente el corazón ese muchacho, siento el deseo de ayudarlo. Hace un tiempo estaba por decirte que quiero comprometerme con causas humanitarias para ayudar a personas de escasos recursos, como fui yo en mi niñez. Tal vez si mi familia hubiese tenido recursos económicos, mi hermano pudo haber recibido los tratamientos médicos necesarios para combatir su enfermedad. Lamentablemente no fue así y falleció". Estoy muy de acuerdo contigo, nosotros hemos sido muy afortunados en poder contar con recursos económicos en estos momentos, me uno a ti para ayudar a ese joven y a su familia.

Mientras eso ocurría, Stuard llegó al hospital con George donde le tomaron una radiografía. La misma no mostró fractura, pero su pie estaba hinchado por lo que le recetaron antinflamatorios e instruyeron que se colocara compresas de hielo. Stuard le compra el medicamento en la farmacia a George, luego lo lleva a su casa y le aconseja que descanse para que se recupere pronto.

CAPITULO XXV

Por otro lado, doña Emma ya ha obtenido el cheque por concepto de la venta de su colección de billetes y se dirige hasta el banco para depositarlo. Debe esperar varios días antes de tener el dinero disponible. Ella planifica ir a casa de George a llevarle alimentos y ropa para toda la familia. Además quiere regalarle dinero para que remodelen su casa y compren un automóvil.

Esa tarde Stuard recibe llamada del señor Martined donde le explica que él y su esposa se proponen llevar a George a una amiga Odontóloga para que George pueda recibir tratamiento oral y una nueva dentadura y así pueda tener una mejor sonrisa. Stuard le deja saber a Martined la admiración que siente por él y su esposa por este gesto tan noble, pues sabe que la situación de George es lamentable. Martined le solicita la dirección del joven para buscarlo y dejarle saber sus planes con él.

Ya George en su casa, llega su tío Pierce. Saluda a la familia y se dirige a George, "Vengo a buscarte, pues mi amigo Edd el millonario quiere que yo le haga un trabajo en su casa. Me dice que le cobran muy caro (a carcajadas) y decidió hacerlo él, pero desea que yo le prepare una zanja para sacar un tubo roto". "Como no tío, contesta George. Cuando éste comienza a caminar Pierce se da cuenta que cojea y le pregunta qué le sucede. George le narra lo sucedido mientras trabajaba con su amigo Stuard, pero que eso no impedirá que él lo ayude porque él se siente mejor. Pierce confía en su sobrino y se marchan a casa de Edd.

Poco después de la salida de George con su tío, llega el señor Martined con su esposa. Se están estacionando cuando ven que de la casa sale una niña con un vestido bastante deteriorado. Es Shirley la hermana de George que sale a botar la basura. Luego sale un niñito pequeño con su ropa sucia y deteriorada, éste es Douglass hermano menor de George. Cuando Shirley se disponía a entrar a la casa nuevamente, Cloe baja del auto rápidamente y la llama, "Jovencita por favor quiero hacerle una pregunta". Martined ya se ha bajado del auto también. Shirley se dirige hacía la pareja, y Cloe le pregunta "¿Es aquí donde reside George Jackson"? "Sí es aquí, él es mi hermano, pero no está salió con mi tío para trabajar a casa de un amigo". Martíned le pregunta "¿Y tus padres se encuentran"? "Sí contesta Shirley, pero están en su habitación por que no se pueden levantar. Tienen yesos y están en cama." Cloe le pregunta "¿Podemos pasar para hablar con ellos"? "Sí señora, pasen" contesta la niña.

Cuando entran a la casa Cloe mira con ternura a Douglass, le pasa su mano por la cabeza y comenta "Qué niño precioso". Al pasar a la sala, ven otros niños jugando juntos. Hay un televisor pero está apagado. Cloe y Martined saludan a los niños. ¿"No les gusta ver televisión"? Le pregunta Martined. "Es que no sirve", responde Shannyn. El matrimonio se mira uno al otro mostrando tristeza en su mirada y continúan con Shirley hacía la habitación de sus padres. Cuando Phillip los ve entrar le pregunta ¿"Ustedes son del Departamento de la Familia"? Cloe y Martined vuelven a mirarse con tristeza al ver la condición de Phillip y Nélida y se presentan al matrimonio Jackson. "Yo soy Cloe y él es mi esposo Martined Wayne . Conocimos a su hijo George cuando fue a trabajar a mi casa con un contratista llamado Stuard. Me agradó mucho, me pareció un buen muchacho. Me sentí muy apenada que un joven como él no tuviera su dentadura completa, por lo que mi esposo y yo decidimos que lo vamos ayudar. Tenemos una amiga odontóloga que nos ayudará a que George pueda tener su dentadura completa nuevamente" De Nélida salieron lagrimas de emoción. "Gracias por ese gesto tan noble, no saben lo que esto significa para mi hijo y para nosotros sus padres. George vive avergonzado por no tener sus dientes, pues constantemente es humillado por otros jóvenes y se sentía desmotivado en asistir a la escuela. Trataba de no sonreír para ocultar esta situación. Ahora va a volver a brillar con su sonrisa". "No se preocupen, George volverá a ser feliz y ustedes también" le dijo Martined. Si me permiten, mañana le traigo un televisor para que sus niños puedan entretenerse. También le propongo ayudarle a hacerle unos arreglos a su casa para que ustedes y los niños puedan vivir en mejores condiciones, ya que veo que ustedes están imposibilitados físicamente". Phillip y Nélida comienzan a llorar y Phillip le expresa que era su intención ir reparando su casa poco a poco tan pronto pudiera volver a trabajar. "Tranquilo, ustedes son personas de nuestro agrado y mi esposa y yo los ayudaremos en lo que necesiten", contesta Martined. La pareja se despide Nélida y Phillip. Antes de salir de la casa de los Jackson-Ville, acarician y juegan con Douglass.

Pierce llega con su sobrino a casa de Edd, su amigo que se encuentra en el patio. Estos se saludan estrechando las manos. Pierce le dice a Edd "Que te pasa amigo, no tienes la misma fuerza, tu siempre me aprietas muy fuerte y sentí tu mano débil". "En estos días no me he sentido bien, me siento un poco cansado". "Pues debes visitar al médico" contesta Pierce". "Mi amigo las veces que he ido me encuentran bien. Pero bueno, vamos manos a la obra (a carcajadas). Quiero una zanja para meter un tubo de desagüe en este lugar", contesta Edd. Pierce pico en mano y listo para comenzar, Edd lo detiene y le dice "Espera, ven quiero que veas algo. Los tres caminan hacía donde está la llave de paso del agua, pero Edd le dice a George, "Oye muchacho comienza tu a hacer la zanja mientras habló con tu tío. George comienza a hacer el hoyo, pero confunde del lugar que Pierce iba a comenzar a trabajar. Cuando ya iba por la mitad del trabajo, llegan Edd y Pierce. Edd con voz alarmada le pregunta, "Muchacho, ¿Qué tu has hecho? No es en este lugar que se va hacer la zanja, es en aquel lugar" (señala con el dedo). De momento George se inclina y recoge una moneda de la tierra. Edd y Pierce la miran sorprendidos. Edd le quita la moneda a George, la examina y se da cuenta que es una antigua moneda de oro, pero disimula. George sigue paleando y encuentra más monedas y se las entrega a Edd. Éste dice que son monedas falsas de un juego que tenían los niños vecinos y que posiblemente las tiraron hacía el patio. "Muchacho, vamos ahora hacer la zanja donde se supone", dice Edd a George. Luego de terminada colocan el tubo y completan el trabajo. Edd le da algo de dinero a Pierce y éste se marcha con George.

Ya dentro de su casa, Edd comienza a buscar por la red informática acerca de las monedas que George encontró. Realmente parecían de juguete y pensó que hacía bastante tiempo estaban enterradas. Al llegar al sitio de las monedas ve una muy parecida a las que él tiene, eran de gran valor. Son únicas en el mundo de la época de los romanos. En ese momento siente dolor cerca del corazón y se lleva la mano a su pecho.

Edd le hace caso omiso a su situación cardiaca y continúa sin darle importancia a lo que siente. Luego se comunica con Pierce y le informa que buscó información de las monedas en la red informática y comprobó que son juguetes, que las botará. Esto lo hace con la intención de despistar a su amigo y no compensar a George por su hallazgo.

Ya en casa Pierce le dice a su sobrino que llevara a su cuñada Nélida a que le remuevan el yeso el próximo día. George se alegra mucho, y pregunta cuándo se lo quitaran a su padre. Su tío le contesta que dentro de una semana. "Lamento mucho que ambos hayan quedado enyesados y tener que mantenerse encamados por tanto tiempo. Esto ha empeorado la situación para la familia, pues están a punto de que Servicios Sociales le remueva los niños" le dice Pierce a George. Mientras tanto, el Departamento de la Familia coordina la fecha que irán a recoger los niños Jackson-Ville.

Nélida en su hogar le dice a su marido "Mi amor, mañana viene Pierce con una ambulancia para llevarme a remover el yeso. Luego de eso comenzaré mis terapias y esperó recuperarme" "No sabes lo desesperado que estoy yo de que me remuevan el mío. Quiero volver a trabajar y a sacar a mi familia de esta situación. Mira como se ha deteriorado nuestra casa y como andan nuestros hijos. Debo trabajar muy duro para poner todo en orden nuevamente y que podamos mantener nuestros hijos con nosotros" contesta Phillip. "No puedo depender solamente de la caridad de las personas."

En el Departamento de la familia ya separan la fecha para visitar la casa de los Jackson-Ville, con intención de remover los niños del hogar. La trabajadora social que tiene el caso a cargo presenta una prueba artificial a la encargada de la institución, sin análisis previo para dar alternativas o ayuda previa a esta familia. Los Jackson-Ville están ajenos a lo que esta persona está tramando obviando el protocolo.

CAPITULO XXVI

Por otro lado, Morris se encuentra de gira en Italia con su madre promocionando su segundo CD. Hace un alto y desde el hotel llama al casa-talentos. "Hola Carey" "Hola Morris, ¿Cómo va esa promoción allá en Italia? "La acogida ha sido sorprendente, estoy en el hotel tomando un descanso, mañana tengo una presentación y recogeré el premio por las venta del primer CD", contesta Morris. "Carey ¿Tienes alguna noticia del muchacho limpia zapatos? "Me han informado que lo han visto corriendo bicicleta cerca del parque, iré por allá a ver si lo veo" contesta Carey. "Sabes mi interés en localizar a ese muchacho, te pido que hagas lo posible por dar con su paradero. Espero tener noticias pronto, hablamos luego" contesta Morris.

En otra habitación Diane mantiene una conversación por teléfono con Larry, quien la llama para saber cómo va la promoción del CD de Morris. Ella le que dice que parece va a ser otro éxito. Larry le comenta, "Cuando regreses a Estados Unidos nos reuniremos para discutir una oferta que tengo para ti, te va a gustar. Diane no sabe que Larry le ofrecerá la vicepresidencia de la compañía. Al terminar su conversación con Larry, Morris ve a Diane muy contenta y le pregunta ¿"Mami, con quién hablabas"? "Estaba poniendo a Larry al día con lo de la promoción", contesta Diane. Morris es bien celoso con su madre, pues había visto el maltrato que ella recibía de su padre cuando él era niño, y no quiere que ella vuelva a sufrir nuevamente esa situación en su vida. Sin embargo a pesar de que Larry es un caballero gentil, su matrimonio fue un fracaso. Fue una coincidencia que ambos estuvieran solteros por tantos años, pues se dedicaron a su profesión, en el caso de Diane también a su hijo.

A Larry le gusta hacer ejercicios para relajarse de la gran presión diaria que tiene en su trabajo. Una mañana sale a trotar como de costumbre en un parque cerca de su compañía disquera. George también corre bicicleta por el mismo parque, ya que es el único lugar que se puede mantener lejos de los jóvenes del vecindario que lo golpean.

Larry viene trotando y al doblar por una curva se encuentra con George que viene de frente. George trata de esquivarlo y choca contra un árbol, golpeándose en el pie que ya tenía lastimado por la caída en casa de Martined. Se levanta con dificultad, se estremece y grita del dolor. Larry mira hacía atrás y se dirige hasta donde está el joven. Larry le pregunta sí está bien y si lo puede ayudar. George contesta que necesita irse para su casa y trata de montarse en la bicicleta, pero no puede. Larry nota en su rostro el dolor y le dice "Tienes que ir al hospital, estás lastimado y no estás en condiciones de correr en la bicicleta". "No señor, tengo que llegar a mi casa" contesta George. Al montarse nuevamente para irse, George no puede manejarla y grita a causa del dolor. Larry exclama; "¡Voy a llevarte al hospital para que un médico te vea, no estás bien! George es un joven muy delgado, pesa solamente 125 lbs., en cambio Larry es un hombre fuerte, muy fornido, por lo que lo toma al hombro y lo lleva a su auto con ayuda de otras personas que se encontraban trotando en el parque. De ahí lo traslada al hospital para que sea evaluado.

Estando allí recibe una llamada de Carey. "Hola jefe, lo estoy llamando para actualizarle información sobre algunos de los proyectos que estoy trabajando. Larry le contesta; "Ahora mismo estoy en el hospital" "¿Qué le pasa jefe? Pregunta Carey asombrado. "A mi nada, es que estoy con un joven que corría bicicleta en el parque, yo iba trotando, él trato de esquivarme y chocó con un árbol. Se lastimó una pierna y lo traje hasta aquí. Creo que también perdió la dentadura del frente, es tan delgado que lo pude cargar hasta mi auto". A Carey le pareció muy familiar la descripción que le dio Larry, entonces le pregunta; "¿Es blanco y rubio"? "Sí, ¿Tu lo conoces?" contesta Larry. "Busco un joven con esas características, es el limpia-zapatos que causó que Morris resbalara cuando tuvo su audición en el canal 40 el día que yo lo conocí. Morris y Diane me delegaron su búsqueda antes de irse de gira, ya que dicen que él es el responsable de que Morris *saltara a la fama"* le dice Carey. Pregunta Larry "¿El que le brilló los zapatos por debajo"? "El mismo que nos brilló los zapatos por debajo jefe (a carcajadas)" contesta Carey. "Le preguntaré cuando terminen de evaluarlo" dice Larry. "Dígame dónde están que quiero ir hacía allá" le dice Carey.

George sale con su pierna enyesada de la sala de emergencias donde fue atendido. El doctor se dirige a Larry, "Señor, su hijo tiene una fractura, aunque no es muy seria, debe permanecer con el yeso por espacio de una semana. Larry lo mira bien sorprendido (abre bien los ojos), "El no es mi hijo, yo lo traje hasta aquí porque tuvo un accidente con su bicicleta mientras yo trotaba en el parque". "Disculpe, pensé que era su hijo porque tienen el mismo color de cabello". Larry no se había percatado de esto.

Una vez George fue dado de alta de la sala de emergencias, se dirige hasta Larry para darle las gracias. "Oye muchacho, ¿Cómo te llamas"? pregunta Larry. "Mi nombre es George Jackson señor". "George, dime ¿tu brillas zapatos"? "Yo brillaba señor, pero los muchachos de la vecindad me rompieron el cajón y no pude seguir". "Tengo un amigo que vendrá a verte, pues está en la búsqueda de un joven que le brilló los zapatos hace un tiempo y lo quiere localizar" le dice Larry. En esos momentos llega Carey a la sala de espera y va hasta donde están Larry e George. Carey lo reconoce inmediatamente, no obstante mira el boceto que le entregó Morris para confirmar. Se dirige a Larry y en voz baja le dice "Es él". Luego va y saluda a George, "Hola muchacho, "¿te acuerdas de mí? Fui cliente tuyo, me brillaste los zapatos y hasta la suela (a carcajadas). "George le contesta, "Sí, creo que fue cerca de un canal de televisión". "Exactamente" contesta Carey. Larry le pide a Carey que lo acompañe a llevar a George a su casa. El accede pero le solicita tiempo para hacerle una llamada a Morris. "Hola Morris, te tengo buenas noticias, conseguí al joven brilla-zapatos. Mejor dicho lo consiguió Larry (a carcajadas). Morris emocionado le grita a Diane, "Mami, conseguimos al limpia-zapatos". Carey cuándo llegue a Estados Unidos mi madre y yo iremos a visitarlo. Asegúrate de tomar su dirección".

Larry le pide a George la dirección para llevarlo a su casa, él muy tímidamente se la da y parten junto a Carey para el hogar de los Jackson-Ville. Cuando llegan, los niños Shannyn y Douglass están en el patio. Ven a George llegar con los dos hombres y Shannyn le pregunta qué le pasó. George le contesta "Me caí y el señor Larry me llevó al hospital y me enyesaron. Tengo que estar una semana con esto puesto." Larry y Carey lo ayudan a entrar a la casa. Shirley está cocinando y oyendo música de un pequeño radio. También está cantando en voz alta, pues a ella le gusta mucho cantar. Larry se queda paralizado, oyendo la voz potente y dulce de Shirley. Carey también la oye, ambos están maravillados. ¿"Quien canta George"? pregunta Larry. "Es mi hermana Shirley que está en la cocina. ¿"Podemos ir a verla"? pregunta Larry. "Sí señor" responde George. Cuando llegan a la cocina, además de cantar Shirley estaba cocinando comida italiana. "Qué rico huele aquí" dice Larry. Shirley para de cantar y se asusta al ver a Larry e Carey junto a su hermano enyesado. Rápidamente se dirige a George muy preocupada. ¿"Qué te pasó George"? Su hermano le narra lo sucedido y le presenta a Larry e Carey. Larry la saluda "Hola niña huele bien rico, ¿Qué estas cocinando"? Shirley sonríe, "Es una pasta estilo italiana" contesta. ¿Quién te enseñó a cocinar"? "Una maestra llamada Miss Mary, me enseño inglés y también me dio clases de cocina" contestó Shirley. "¿Miss Mary Reed?" pregunta Larry. "Sí señor, así se llama" contesta la niña. Larry quiere ganar su confianza y sigue conversando, "Ella fue maestra mía cuando yo era niño, era bien amable y bondadosa. Oye tu tienes una voz fenomenal, "¿Dónde aprendiste a cantar"? "No he estudiado música, desde pequeña me gusta cantar y me divierto mucho". Carey entonces le comenta a Larry, "Oiga jefe, esta joven tiene un potencial de una cantante de opera, su voz es muy potente" ¿"Te gustaría ser cantante profesional"? Pregunta Larry a la niña. "Prefiero cocinar y me gustaría estudiar para ser chef" contesta Shirley.

Larry le dice a Carey que es hora de irse, Carey baja al auto en busca de la bicicleta de George y la coloca en una esquina de la casa. Douglass la mueve del lugar hacía el pasillo de entrada y salida de la casa.   Mientras tanto Larry ayuda a George a llegar hasta su habitación.   Los dos hombres se despiden de Shirley, Shannyn y el niñito Douglass. Larry va al frente y cuando dobla el pasillo, tropieza con la bicicleta y se cae al piso. Tanto Carey como los niños comienzan a reírse, Larry dice a carcajadas "Espero que no tengan que ponerme un yeso a mi también". Se levanta rápidamente y se marchan. De camino, Larry le comenta a Carey que les tomó cariño a George y a sus hermanos. "Esos niños se ven tan humildes, me da mucha pena en las condiciones que vive esa familia".

Nélida llega a su hogar acompañada de su hermano Pierce. Los niños salen corriendo a recibir a su madre con besos y abrazos. Al entrar a la casa se sienta por primera vez en mucho tiempo en el sofá de la sala. Desde allí le grita a Phillip "Mi amor, llegué estoy sentada en la sala con los niños". "Que bueno que llegaste, pronto yo también estaré ahí contigo y la familia" contesta Phillip. Shirley comienza a narrar a su madre lo sucedido mientras ella estuvo fuera de la casa. "Mami, vinieron a traer a George dos señores, uno llamado Larry, el otro Carey. Entraron a la casa… Nélida interrumpe; "¿Por qué los dejaste entrar? Esos hombres pueden llevar la queja de las condiciones que vivimos al Departamento de la Familia, podemos perder a Douglass y a Shannyn" (Nélida se agarra su cabeza). "Mami, es que George tuvo un accidente en la bicicleta, tiene un pie enyesado   y debe tener el yeso por una semana. Esos señores ayudaron a George, lo llevaron hasta el hospital y luego lo trajeron hasta aquí. Ahora él está descansando en su habitación".

Nélida se dirige hasta la habitación de George para ver a su hijo, ya su hermano Pierce se encuentra allí. Mientras Nélida y su hijo conversan, Pierce recibe una llamada de Sarah, la vecina de su amigo Edd. Era para informarle que a él le había dado un derrame cerebral y que se encuentra en el hospital. Ya ha sido estabilizado y se encuentra mejor. Preguntó por usted Pierce y por esa razón lo estoy llamando" le dice Sarah. "Ahora entiendo por qué no contestaba mis llamadas, por favor Sarah, dígame en qué hospital se encuentra y salgo para allá". Pierce le explica lo sucedido a su hermana y sobrino y se despide de ellos. George le dice a su tío que le diga a Edd que él le desea una pronta recuperación.

Nélida le da un beso en la frente a su hijo y le dice que se mantenga tranquilo y descansando que ya ella puede cuidar de él. Sale de la habitación de George y se dirige a ver a Phillip. Le da un abrazo a su esposo y le dice, "Mi amor, ya estoy liberada del yeso, solo me falta tomar unas terapias. Voy a buscar algo que hacer para mantener esta familia mientras tú recuperas. Ahora George también está en la misma situación, con un yeso en el pie izquierdo…… Nélida le narra lo sucedido a Phillip. Éste se lamenta profundamente que su hijo de tan buenos sentimientos se encuentre en ese estado.

CAPITULO XXVII

Pierce llega hasta la habitación de Edd en el hospital. Le estrecha la mano a su amigo y éste le aprieta fuerte. "¡Me apretaste con fuerza Edd, eso significa que estás bien"! "Sí mi hermano, ya estoy bien, sufrí un leve derrame cerebral. El médico me informó que no debo continuar con la vida agitada que llevo. Pero mi hermano, ahora quiero confesarte algo. Tú eres mi mejor amigo, siempre has sido honesto conmigo y nunca te has interesado por nada material. De hoy en adelante seré honesto también contigo, eres como un hermano para mí. No tengo familia y a parte de mi vecina Sarah, todo el mundo me detesta por mi forma de ser, tan materialista y rudo. He meditado mucho en esta habitación, uno no se lleva riquezas cuando muere. Desde hoy en adelante voy a seguir las instrucciones del médico. Te voy a pedir que me ayudes con mis negocios para estar más tranquilo. Espero que aceptes trabajar conmigo (a carcajadas) Yo nunca he viajado a otros lugares del mundo, cambiaré mi estilo de vida y disfrutaré lo que pueda. Cuéntame, y tu sobrino ¿Cómo se encuentra? Pierce le narra a Edd lo sucedido a George en el día de hoy, también le deja saber el deseo de éste por su recuperación.

Edd retoma el tema que comenzó con Pierce, "Sabes hermano, que las monedas que se encontró ese muchacho son genuinas. Son oro sólido de la época de los romanos. Cuando te dije que fue porque sería sincero contigo fue por que te había dicho que eran falsas. Si me dan par de millones por ellas, las vendo y le daré parte del dinero a tu sobrino. También comenzaré una fundación benéfica para que mi dinero sirva para el bienestar de otros. Nunca he ayudado a nadie, comenzaré por George. Te prometo que mi vida cambiará hermano Pierce".

Mientras tanto George está solo en su habitación, pensativo, triste y deseoso por volver a la normalidad. Comenzó a recordar aquellas situaciones vividas y le causó risa, como la vez que le puso grasa por debajo a los zapatos del cantante; cuando doña Emma chocó con él para pedirle la mitad del billete; cuando cayó por la escalera y manchó con pintura el cuadro de Grandes Ligas; y la ocasión que comenzó a hacer la zanja en el lugar equivocado en el patio del amigo de su tío. George ni siquiera imagina que estas situaciones le serán de beneficio a él y su familia.

Luego de varios días en el hospital, Edd recibe la visita del médico. "Le hemos hecho varios estudios y los resultados demuestran que ya todo está bien. Mi recomendación como médico es que usted debe cambiar su estilo de vida, por uno que mantenga bajo sus niveles de stress. Vivir con mucha agite y presión puede causar que regrese aquí. Debe cuidarse de este momento en adelante, así es que puede regresar hoy a su hogar". "Gracias doctor, contesta Edd, ya había pensado en eso". Edd se comunica con Sarah para que lo pase a recoger al hospital. Sarah es una mujer poco mayor que Edd, que aunque no posee belleza física, es muy buen ser humano con sentimientos nobles y sincera pero también es una dama muy recta y conservadora. Ella ha sido su vecina de toda la vida y nunca ha contraído matrimonio. Cuando Sarah llega a buscar a Edd, él la invita a que vayan a comer. Ella se sorprende, pues es la primera vez que Edd la invita y cómo ya conoce que él es muy económico, pasa por un restaurante de comida rápida. El la mira a los ojos y le dice "Sarah, deseo que me lleves a un restaurante fino, quiero que los dos comamos bien". Ella más sorprendida aún le contesta "No estoy vestida en forma adecuada para ir a un restaurante fino" "Esta bien, pues vamos a comprar algo de comer cerca de aquí para almorzar, pero ¿Que te parece si salimos a cenar *gourmet* en la noche y te vistes como tu quieres"? Pregunta Edd.   Sarah, aun incrédula de lo que estaba oyendo, le contesta, "Sí buena idea, te acompaño".

Cuando Edd llega a su casa y mira su guardarropa, se da cuenta que no tiene ropa adecuada para salir a cenar. Su ajuar se compone de mahones desgastados, camisetas y camisas deterioradas. Rápidamente llama a su amigo Pierce. Cuando su amigo recibe la llamada le contesta "Hola Edd, ¿Cómo te encuentras hoy?" "Mi hermano, acabo de salir del hospital y voy a cenar esta noche con Sarah". "Que alegría que hayas salido del hospital, pero ¿Estás loco, cenar con Sarah? Tu sabes que esa dama es bien estricta y disciplinada en sus cosas". Edd a carcajadas contesta "Oye amigo yo la invité y ella aceptó. Por favor hermano, si puedes pasa a recogerme para que me lleves a comprar ropa". "¿Comprar ropa? A la verdad que estas loco, pero te llevaré (a carcajadas)" contesta Pierce, pues no sabe que Edd ya ha comenzado a cambiar su vida".

Pierce llega a la casa de su amigo y suena la bocina. Edd sale de la casa y sube al auto. Pierce lo lleva hasta un mercado de ropa de segundas manos. "Llegamos aquí venden ropa barata, bájate en lo que busco estacionamiento" le dice Pierce. "Oye viejo, ¿Qué te pasa, tu no recuerdas que te dije en el hospital que iba a cambiar? Llévame a un lugar donde vendan trajes y ropa nueva, tengo que disfrutar lo que la vida me dio" contesta Edd a carcajadas.   "Es que este cambio ha sido tan rápido que no lo había asimilado. Entonces, responde Pierce, te llevaré a un buen centro comercial para que compres todo nuevo para tu vida nueva".

Llegan hasta el centro comercial y entran a una tienda de caballeros donde venden desde ropa casual hasta trajes y gabanes formales. Edd entusiasmado comienza a mirar buscando el ajuar para la cena de esta noche y para otras ocasiones por lo que tarda unas horas. Se está midiendo gabanes, cuando se da cuenta que es tarde. Rápidamente toma la ropa que se ha medido y el gabán que piensa usar en la noche, pero toma el gabán con el tamaño equivocado. Se dirige muy de prisa hacía la caja registradora y se da cuenta que hay una larga cola. Comienza a mirar el reloj impacientemente. Pierce le recuerda la recomendación del médico. "Tienes razón mi hermano, no debo tener prisa" le contesta a su amigo.

Ya Sarah está preparada, lista para ir a cenar con Edd. Sospecha que Edd le va a hablar de negocios, ya que ella es retirada y piensa que tal vez le dé una posición en la administración de uno de sus negocios. Sale en su auto hacía el frente de la casa de Edd y suena la bocina del auto, pero él no responde. Espera unos momentos antes de llamarlo, y aparecen Edd y Pierce. Edd se despide y se baja rápidamente del auto de su amigo y se dirige al auto de Sarah. "Perdóname, se me hizo tarde comprando, me preparo rápido y nos vamos. Edd entra corriendo a su casa, se baña rápidamente y se viste con su ropa nueva, se pone el gabán y nota que le queda holgado pero no se cambia. Como Edd nunca usaba perfume, llama a su vecino del frente para que le prestara el suyo en lo que compra uno. El vecino se sorprende y piensa ¿Qué le pasó a Edd? Llega a dónde éste y le entrega un embase en aerosol y Edd se rocía por todas partes, no se da cuenta que su vecino que siempre anda distraído se equivocó y le dio un rociador de laca para el cabello. Cuando el vecino llega a su casa se da cuenta de su error, toma el envase de perfume y sale de prisa en busca de Edd, pero ya éste se ha marchado con Sarah.

Ya sentado en el auto con su amiga, Edd le pregunta sonriente si le gusta su perfume. Ella le responde que le huele a laca para el cabello, Edd a carcajadas le responde que así es que se llama el perfume. Sarah conduce hasta el restaurante Délicieuse Cuisine, muy reconocido en la ciudad, donde acuden artistas, empresarios y personas reconocidas. Los recibe un *valet* para el estacionamiento y luego a la entrada el capitán de los mozos los lleva a tomar asiento.

Ya acomodados, Edd comienza a conversar con Sarah "Me gusta este lugar, ¿Has estado aquí antes?" "No, contesta Sarah, pero he pasado muchas veces por esta área". Edd la mira seriamente a los ojos y le dice "Sarah, te hice esta invitación porque quiero cambiar mi vida, quiero mejorar, ser un gran hombre. Me cansé de vivir como estoy viviendo y quiero salir de la soledad que yo mismo me busqué. He recibido un golpe fuerte y he aprendido mi lección. Mientras estuve recluido en el hospital pensé que no saldría con vida de allí. Medite mucho en mi forma de ser y lo infeliz que fui. La vida es bonita y se debe buscar la felicidad". Mientras Sarah escucha a Edd atentamente, entran al restaurante Martined y su esposa Cloe. Cuando están llegando a su mesa escoltados por el capitán de mozos ven a Edd, quien es fanático vitalicio de su equipo. Edd se levanta y los saluda y le presenta a su amiga Sarah al matrimonio Wayne, quienes al principio no estaban seguros que era él. Cloe y Martined los saludan efusivamente y luego se sientan en una mesa cerca de Edd y Sarah.

Morris y su madre habían llegado de viaje en la tarde y Diane recibe un mensaje de texto de Larry para que tan pronto lleguen se comunique con él. Quiere ir a cenar con ella para hablar de un proyecto y una nueva oferta. Diane se comunica con él para informarle que está lista que la puede pasar a recoger en cualquier momento. También le informa a Morris que saldrá a cenar con Larry, él siente un poco de celos. "¿Mami por qué no puedo ir con ustedes"? "Mi hijo esto es una reunión de negocios que tiene que ver conmigo. Larry te aprecia mucho, eres el líder en ventas de la compañía, pero yo también tengo un rol en este negocio. Te prometo que no te fallaré, eres mi único hijo, lo he dado todo por ti y necesito que me des mi espacio". "Está bien mami, te amo" contesta Morris. Diane sale a encontrarse con Larry quien llegó a recogerla. Morris comienza a buscar en su Ipad su "fan page" y se da cuenta que se han unido más de 10 mil fanáticos desde la última vez que la revisó.

Diane sube al auto y saluda a Larry. "Vamos a un restaurante francés que frecuento en la ciudad, ahí casi siempre hago mis reuniones de negocios" le dice Larry. Llegan al Délicieuse Cuisine, se bajan del auto para que se lo estacionen y luego son escoltados hacía la mesa que Larry había reservado. Acercándose a su mesa Edd los divisa, pues conoce a Larry porque frecuenta uno de los restaurantes de hamburguesas de su propiedad. Edd se levanta a saludarlo cuando éste pasa con Diane, pero Larry no lo reconoce pues él siempre estaba barbudo, con ropa desteñida y casi siempre despeinado. "Saludos Larry, soy Edd el de la cadena de restaurante de hamburguesas, me recuerda". "Oh seguro que sí, disculpa es que te ves diferente, has cambiado" le contesta Larry dándole un efusivo abrazo. "Sí, ya era hora de decirle adiós a aquella vida que llevaba (a carcajadas). Te presento a mi buena amiga Sarah". Larry le extiende la mano a Sarah y la saluda mostrando su cualidad de gran caballero. Sarah corresponde al saludo. Larry presenta a su acompañante, "Le presento a mi socia Diane, quien disimuladamente mira a Larry sorprendida, extiende la mano a Edd y le da un abrazo a Sarah. Cuando llegan hasta su mesa y se sientan, Larry ve que Martined Wayne y su esposa están cerca. Ellos son amigos de muchos años y Larry tiene acciones en su equipo de pelota. Martined se levanta y pasa a la mesa de Larry para saludarlo y darle un fuerte abrazo. Cloe también se allega hasta la mesa para saludar y Larry le presenta a Diane como su socia. Está sonríe y saluda a los Wayne efusivamente y se pregunta mentalmente por qué Larry la presenta como su socia. Martined se dirige a Larry y le dice "Que alegría verte, hace mucho tiempo que no nos vemos, estaba por comunicarme contigo para saber de ti. "¿Cómo van las cosas en la disquera? Pregunta Martined. "Todo va muy muy bien" contesta Larry, nos tenemos que reunir pronto para conversar. "Con mucho gusto, hablamos luego". Martined y Cloe regresan a su mesa.

Ya solos, Diane le pregunta a Larry "¿Qué es eso de presentarme como tu socia"? Larry sonríe y la mira fijamente. Mi intensión de invitarte a cenar esta noche es para proponerte que seas la vicepresidenta de la compañía. Me has demostrado que tienes grandes habilidades para manejar el negocio, además de (sonriendo) que necesitamos tu carisma y bella sonrisa, aparte de tu firmeza para interactuar con los artistas. Diane estaba sorprendida y le contesta "¿Pero qué va a pasar con mi hijo, quién manejará su carrera? Tengo que consultar esto con Morris, siempre he estado a su lado y no me atrevería a dejarlo en estos momentos de su carrera. Somos el uno para el otro".

Mientras tanto en la mesa de los Wayne, Martined toma agua mientras su esposa habla por el teléfono celular con su amiga la odontóloga Jenny. Está coordinando la cita para que George vaya para evaluación al consultorio de ésta. Al terminar le dice a su esposo "Mi amor coordiné la cita para la evaluación del el joven George con Jenny para la semana que viene ". "Sí, sí cuenta con que eso va.

En la mesa cercana a ellos, Edd y Sarah ya han terminado de cenar y Edd se acomoda el gabán holgado. Mira fijamente a Sarah y le dice "Quiero decirte amiga del alma, has sido mi vecina por muchos años. Has sido de mi total confianza, has estado a mi lado en las malas y cuando te he necesitado. Me he propuesto cambiar mi vida. Voy a seguir los consejos del médico y comenzar una vida tranquila, disfrutando de los bienes que tengo. Hablé con Pierce para que maneje mis negocios porque quiero tomar unas vacaciones. Estoy planificando irme de viaje a Europa para estar un mes. No tengo familia que me acompañe, estoy solo y quisiera que tú fueras mi compañera. Te prometo hacerte feliz de ahora en adelante, ya te dije que me he propuesto cambiar". Sarah se queda boquiabierta y se desmaya en la silla. Edd utiliza una servilleta para abanicarla y ella despierta, no podía creer lo que estaba escuchando. Sarah sabía que él había sido una persona que se dedicó a trabajar mucho y a guardar dinero. Se conformaba con vivir pobremente aunque tenía recursos para vivir de manera acomodada. Por su forma de ser tenía muy pocos amigos, pero ella lo comprendía. Entonces le contesta "Edd, quiero que me des unos días para analizar esto que me estás proponiendo, no tengo dudas de que tu siempre has sido un hombre trabajador y mereces una vida mejor. Siempre te he admirado y me alegro que hayas cambiado, te afeitaste y te ves unos años más joven (a carcajadas). Espero que entiendas que me has tomado por sorpresa y me estas pidiendo algo que también cambiará mi vida." "Sí, te entiendo, gracias por acompañarme a cenar, responde Edd.

CAPITULO XXVIII

Es 13 de noviembre, George recuerda que es día de su cumpleaños. Se dirige con sus muletas hasta donde está su madre y hermanos y dice "Mami, yo cumplo años hoy". Nelida contesta muy triste, "Hijo yo sé que tu cumples años hoy, pero solamente tengo mi amor para regalarte. "Mami con tu amor es suficiente para mi, no necesito más" Su madre contesta, ¡Qué bello mi hijo, te amo! Todos comienzan a cantar *Cumpleaños Feliz* y a abrazarlo. George comienza a llorar de la emoción y su madre se dirige a él "George, te prometo que te haré un buen regalo cuando comience a trabajar. Tu has sido un muy buen hijo y nunca te quejas" (le da un beso y un fuerte abrazo).

Pierce recibe una llamada de Edd para que comience pronto en la administración de sus negocios. Él pensaba que era una broma o que pronto su amigo se olvidaría de la proposición que le había hecho. Pero Edd continuó… "Hablé con Sarah anoche y le dejé saber mis intenciones para con ella, me pidió que le diera unos días para pensarlo. Si ella me acepta, nos vamos de viaje por un mes, por lo que quiero comenzar a organizarme". Pierce le contesta "Oye viejo tu sabes que yo también estoy enfermo, no puedo trabajar con todos tus negocios. Te puedo recomendar a mi hermana que está buscando un trabajo, dale la oportunidad, yo estaré a disposición de ella para lo que necesite." "Hermano la persona que yo necesito debe ser de toda mi confianza, no conozco a tu hermana". "Edd, ella es una persona honesta como yo. Además tiene su preparación académica". "Pues tengo que conocerla pronto, vamos a reunirnos lo antes posible". "Pues te llamo y te dejo saber la opinión de mi hermana, hasta pronto y que Sarah te corresponda", contesta Pierce en tono jocoso.

Al día siguiente Pierce se dirige a casa de su hermana para acompañarla a llevar a Phillip al hospital a quitar el yeso. Ambos están ansiosos, por lo que están listos desde temprano. Pierce los recoge y los niños se despiden jubilosos porque su padre ya no tendrá el yeso.

Mientras eso sucede el contratista Stuard también tiene una situación familiar. Necesita dinero para ayudar a su hermana Helena, pues tiene quistes en su matriz y debe someterse a una intervención quirúrgica para extraerlos. Su hermana no tiene seguro médico por lo que recurrió a él. Stuard piensa cómo puede conseguir ese dinero y busca entre lo que posee para decidir qué puede vender. Mira el cuadro que le regaló Martined y piensa que tal vez lo pueda llevar a un lugar donde celebran subastas de antigüedades. Se pregunta sí alguien se interesará en esa pieza, aunque tenga una mancha de pintura, pero se decide y se dirige junto a su esposa hasta el lugar de las subastas. En el camino piensa que el cuadro puede tener un valor de 5 mil ó 10 mil dólares. No sabía que al estar manchado con pintura a causa de la caída de George aumentaría su valor.

Cuando llega el turno de subastar el cuadro, hay varias personas interesadas en él y comienzan a ofrecer grandes cantidades de dinero. Al oír los ofrecimientos Stuard mira a Roxanny con gesto de incredulidad. Finalmente el dueño de una cadena de tiendas de artículos deportivos ofreció 5 millones de dólares, pues le interesa colgarlo en su oficina.

Aún en estado de shock, Stuard recibe el cheque. "Roxanny, aún no puedo creer que esto haya ocurrido. Voy a dividirlo de la siguiente manera: 1 millón para George, 2 millones para Helena y 2 millones para nosotros.

Finalmente cuando le remueven el yeso a Phillip, éste camina con dificultad, debe continuar en silla de ruedas por lo que le instruyen que necesita terapias para su rehabilitación. En el trayecto de regreso al hogar Pierce decide pasar por unos de los restaurantes de hamburguesas de su amigo Edd. Este de casualidad se encontraba y se alegra mucho al ver su amigo Pierce. Ambos se saludan muy efusivamente, "Te presento a mi hermana Nélida y mi cuñado Phillip" le dice Pierce. "¿Ella es la hermana de quien me hablaste? "Sí, ella misma". Edd ve a Phillip en silla de rueda y pregunta ¿"Algún accidente"? "Sí, me acaban de quitar el yeso que tenía hasta la cintura" contesta Phillip. "Pues me da mucho gusto conocerlos (le estrecha la mano a Nélida y Phillip). Pierce y sus acompañantes se dirigen a ordenar, Edd grita al cajero "Muchacho, lo que ellos ordenen va por la casa". Pierce mira sonriendo a su hermana y cuñado y los tres dan las gracias. "No hay por que" dice Edd quien se acerca y le da una palmada en el hombro a Pierce. Edd se despide "Te llamaré mas tarde hermano".

Pierce y el matrimonio Jackson-Ville se dirigen a una mesa, Phillip deja su silla de rueda y con esfuerzo se sienta en una de las sillas. Quiere ir ejercitándose desde hoy para recuperarse pronto. Ya acomodados, Pierce comienza a hablar a Nélida, "Sabes, te recomendé a Edd para que administres sus negocios. El tiene varios otros restaurantes como éste y necesita una persona que le ayude, pues estuvo enfermo y por recomendación del médico no puede continuar con toda la carga que representan los negocios. Va a estar fuera del país por un mes y me solicito que me encargara yo por la confianza y amistad que nos une, pero sabes que estoy enfermo". "Pero Pierce, contesta Nélida, yo nunca he administrado un negocio, yo estaba estudiando pediatría ". "Mi hermana, yo nunca había trabajado en la industria de trenes, me dieron la oportunidad y me fue muy bien. Tú necesitas trabajar, por lo que tienes que ser valiente y tomar riesgos por tus hijos, ellos merecen vivir mejor. Nélida mira a Phillip y le pregunta "¿Qué opinas mi amor"? Phillip responde, "En estos momentos no tenemos nada y surge una oportunidad, no sabemos cuando surja otra, pero es tu decisión".

Ya de regreso en su casa, los niños los reciben con besos y abrazos. Shirley se acerca a Nélida y le dice "Mami, preparé espaguetis con salchichas, espero que le guste a todos. Nelida tiene en sus brazos a su hijo menor, mientras Shannyn mueve la silla de ruedas de su padre para ayudarlo a entrar a la casa. Sasharie y Kirby se acercan a abrazarlo. Phillip abraza a cada uno. Ya dentro de la casa Phillip trata de levantarse asistido de Nélida y su hija mayor Shirley para sentarse en la silla del comedor. George permanece en su habitación, no tiene el ánimo de levantarse. No se imagina que muchas de sus acciones involuntarias hayan beneficiado a otras personas y pronto verá que situaciones negativas se han convertido en positivas. Nélida llega hasta donde él, "George vamos levántate, ve a comedor, la comida está servida y solamente faltas tu en la mesa". George toma sus muletas y se dirige al comedor donde está su familia. Cuando llega al comedor se alegra y le da un abrazo a su padre, "Papi que alegría me da verte sin yeso". "Hijo voy poco a poco, mañana comienzo a recibir terapias para poder caminar bien.

CAPÍTULO XXIX

Una tarde Pierce recibe llamada de Edd. "Hola Pierce, sabes que tu cuñado y tu hermana me cayeron muy bien. Quiero darle la posición de administradora a ella, estará en periodo probatorio por par de meses. Sí demuestra tener las habilidades necesarias para administrar el negocio, se queda con el puesto. Puede comenzar mañana mismo". "Gracias Edd por darle la oportunidad a mi hermana", contesta Pierce. Le daré la buena noticia inmediatamente".

Pierce sale hacía la casa de la familia Jackson-Ville a comunicarle a su hermana sobre la decisión de Edd. Llega al hogar de su familia, llama y Kirby le abre la puerta. Pierce la toma en sus brazos y camina hacia donde se encuentra Nélida. "Hermana, Edd te eligió para la posición de administradora, comienzas mañana". Nelida comienza a llorar de la emoción de tener un empleo por primera vez y en una posición para ella, privilegiada. Le da un abrazo a su hermano y le dice; "Gracias Pierce por depositar tu confianza en mí, haré todo lo posible para realizar una excelente labor y finalmente quedarme con el puesto". Pierce contesta; "Yo sé que lo lograrás, con la ayuda de Dios lo vas a lograr, confío en ti".

Al día siguiente Pierce va temprano a la casa de su hermana para llevarla a trabajar y también debe llevar su cuñado a las terapias. Mira a su hermana y nota que su vestimenta es muy humilde, pero piensa que esta oportunidad de trabajo le ayudará a ella y a su familia a mejorar su situación económica. Phillip y Nélida se despiden de sus hijos y Shirley se hará cargo de sus hermanos mientras sus padres estén fuera del hogar.

Pierce llega con su hermana al restaurante de Edd, y éste los estaba esperando. Los recibe con mucho entusiasmo y pronto comienza a darle un adiestramiento a Nélida de todo lo relacionado a sus labores, mientras Pierce se come una hamburguesa con papas fritas y refresco. Al concluir con el adiestramiento, Edd mira en la forma que está vestida ella y le dice: " Perdona que entre en estos detalles, pero ¿tienes otra vestimenta más formal que la que llevas puesta? Nélida tímidamente le contesta: "Nuestra situación económica no me ha permitido comprar ropa, el alimento para nuestros hijos ha sido mi prioridad". Edd conmovido contesta; "Que bueno que eres una mujer digna y honesta. Por eso le estoy dando esta oportunidad de empleo, para que se supere y lleve a su familia hacia adelante". Luego saca dinero de una cartuchera y se lo entrega: "Tenga vaya con su hermano y compre ropa de acuerdo al puesto de una administradora. Siendo el administrador, hasta hace poco yo parecía un deambulante (a carcajadas), y no por falta de dinero, pregúntele a Pierce. Todos mis empleados trabajan uniformados. Se me ocurre comprarle un uniforme a usted también, pero que la distinga entre los demás trabajadores para que no tenga que invertir parte de su sueldo en ropas. Puede irse y regresar mañana a trabajar.

Nélida y Pierce se despiden de Edd y le dan las gracias. Nélida sale bien contenta del restaurante con su hermano, le cuenta lo sucedido y ambos ríen a carcajadas. Luego Nélida le dice: "Déjame en el *mall* y ve por Phillip mientras yo compro ropa para trabajar." Pierce la deja en el centro comercial y sale a buscar a su cuñado al centro de terapias.

Ese día, en el Departamento de la Familia, varias trabajadoras sociales se están preparando para remover los menores Douglass, Kirby y Sasharie. Su supervisora no encuentra causa suficiente para remover a los niños Jackson Ville. No obstante ellas insisten en que la condición precaria que vive la familia es suficiente para tomar acción.

CAPITULO XXX

Miss Mary está pasando por una fuerte gripe y necesita comprar unos artículos en el supermercado. Llama al hogar de los Jackson-Ville y Shirley contesta el teléfono. "Hola Shirley habla Miss Mary, estoy muy acatarrada y no puedo salir a comprar unos cuantos artículos que necesito al supermercado". Shirley contesta: Miss Mary no se preocupe yo se los compraré, inmediatamente salgo para su casa. Shirley tiene que ir en la bicicleta de George, pues el auto continúa sin reparar. Antes de salir le da instrucciones a Shannyn para que no deje salir a los menores al patio. Shannyn le contesta: "Muy bien, tranquila todo estará bien me encargaré de que no salgan". Shirley se dirige hacia la casa de Miss Mary.

Mientras Douglass el menor de la familia es bien inquieto, trata de abrir la puerta para salir, pero Shannyn se lo impide. Kirby y Sasharie están jugando en una habitación cuando de pronto Kirby se cae de la cama litera y Sasharie al verla caer se ríe de ella. Shannyn al escuchar el ruido que causó la caída de Kirby va a la habitación para saber qué sucedió. Ve en el suelo a Kirby, y Sasharie y ésta están riendo. De inmediato Shannyn va a la sala y encuentra la puerta abierta, entonces sale de ella un grito de desesperación y comienza a llamar a Douglass. El niño ya se encuentra en la calle y repentinamente llegan las trabajadoras sociales. Se bajan del auto oficial de la agencia y una de ellas toma a Douglass. Cuando Shannyn se acerca a tomar a su hermanito, ella le pregunta por sus padres. La niña se torna un poco nerviosa y se le olvida que su madre ya había comenzado a trabajar y su papá ya estaba en progreso de rehabilitación. Esta información beneficiaba a la familia para que no procedieran a remover los niños. En lugar contesta "Papi y mami no están en la casa". La trabajadora social pregunta; "¿Y quien está en la casa entonces? Mi hermano mayor George está en su habitación con un yeso en su pierna, Kirby, Sasharie y yo también estamos en la casa. La trabajadora social comienza a realizar un informe sobre el asunto, mientras otra documenta en video las condiciones de la casa por dentro y a los niños sin supervisión de un adulto y se marchan del lugar.

Shirley va de camino con los artículos que compró en la canasta de la bicicleta. Cuando llega los entrega a Miss Mary y ésta en agradecimiento le regala un paquete de almendras y turrón para que se los lleve a sus hermanitos.

Al regresar Shirley a casa, Shannyn le narra lo sucedido mientras ella estuvo fuera. Shirley asustada le comenta: "Papi y mami se van a enojar conmigo cuando sepan todo lo que me has dicho. "Mejor no les informemos, quedémonos calladas". "De acuerdo" le responde, Shannyn y se chocan las manos en señal de que están de acuerdo.

Las trabajadoras sociales llegan a su oficina y van donde su supervisora, le informan de la situación con que se encontraron en la casa de la familia Jackson-Ville. Le entregan el informe y muestran el video que sostiene su alegación de abandono de menores y el deterioro de la casa. Al ella ver la evidencia le comunica a las trabajadoras sociales, "Tenemos que remover a esos niños de la casa inmediatamente. Entreguemos este informe y el video al administrador para que apruebe la orden y procedamos con este asunto". Refiriéndose a remover los niños de su hogar y que el estado asumiera su custodia.

Pierce buscó a su cuñado en el centro de terapias. Phillip le dice bien contento; "El terapista físico me dijo que yo estoy casi listo para irme a trabajar, no cree que me tenga que continuar recibiendo terapias, me encontró muy bien". "Excelente noticia Phil", responde su cuñado. Salen en busca de Nélida.

 Pierce trae de regreso a sus hermana y cuñado. Phillip y Néldia se bajan de la camioneta y Pierce se marcha del lugar.   Ambos entran muy contentos a la casa, Phillip toma a Douglass en sus brazos, pues ya está rehabilitado. Luego toma a Kirby y a Sasharie y también y las besa, está bien emocionado y feliz. Observa que Shirley y Shannyn permanecen calladas, se acerca a ellas y le da un abrazo y un beso. El niño Douglass le comienza a contar a su papá; "Papi una señora me tomó en sus brazos".   Cuando Douglass dice esto, Shirley e Shannyn se miran sonrojadas. Nélida pregunta quién estuvo en la casa, sus hijas mayores muy nerviosas le narran lo sucedido.   Phillip y Nélida se sienten muy preocupados y temen que esa visita, pronto tenga consecuencias adversas para la familia. Se acercaba la época navideña y le esperaba una dura batalla para tratar de retener a sus hijos.

CAPITULO XXXI

Al día siguiente Nélida perfumada y muy bien vestida se dirige a su nuevo trabajo. Cuando llega, saluda a Edd, y éste comenta; "Hoy sí pareces una administradora. Espero que obtengamos resultados positivos, iré de viaje a Europa y confío que cuidarás bien del negocio". Nélida contesta; "Cuente con que haré todo lo posible para no defraudarlo".

Edd le pide a Pierce que lo lleve al aeropuerto. Irá solo, todavía Sarah su amiga continúa indecisa y él decidió viajar solo.

Ese mismos día Morris hace una llamada telefónica a Carey para preguntarle cuando irán a la casa de George, mientras que Martined está reunido con Stuard y su esposa coordinando la remodelación de la casa de los Jackson-Ville.

Llega la tarde, Martined y su esposa salen del parque donde juega el equipo de pelota de su propiedad, luego de una extensa reunión con personal. Martined le pregunta a su esposa Cloe que si desea ir a cenar. Cloe responde que tiene un antojo de hamburguesa con papas fritas. Martined la complace y decide ir al restaurante de su amigo Edd. Al hacer su entrada, se topan con Nélida, ella saluda a ambos, y le da la bienvenida, ellos también la saludan. A Nélida le parece haberlos conocido antes, pero no recuerda. Mientras esperan para ordenar, Martined le comenta a su esposa que la cara de Nélida le parecía conocida, que la había visto en algún otro lugar. Su esposa no la reconoce y le contesta que tal vez se trate de una fanática del equipo que asiste a los juegos. Realmente Martined y Cloe no recordaban que Nélida era una de las personas encamadas que ellos conocieron cuando fueron en busca de George a su hogar.

Casualmente Nélida pasa cerca de la mesa donde están comiendo Martined y Cloe. Éste se dirige a ella; "Disculpe, me parece haberle conocido antes, o tiene un parecido con alguien que conocí. No recuerdo exactamente, pero parece que usted es nueva en este lugar, pues vengo a menudo con mi esposa, a ella le gustan mucho las hamburguesas que preparan aquí". Nélida sonríe y contesta "Sabe que tuve la misma sensación cuando los vi entrar. Es mi primer día de trabajo, Edd me dio la oportunidad de trabajar en la administración para poder sostener a mi familia, mientras mi esposo se recupera". Mientras ella le habla, Martined va recordando y le pregunta; "¿Su apellido señora"? El contesta "Jackson-Ville, Nélida Jackson-Ville". Inmediatamente Martined se da cuenta de quien se trata; "¡Es usted es la madre de George! Nélida contesta: "Sí, la misma". Cloe muy contenta se levanta y le da un abrazo y exclama; "¡Sí, ya la recuerdo! La conocimos a usted y a su esposo cuando fuimos a su casa buscando a su hijo". "Señora pero estuvo enyesada hace poco tiempo, que valiente es usted, ha tenido un gran cambio y me alegro mucho de su pronta recuperación", le comenta Martined. "Mi familia es mi gran motivación. A propósito le agradezco de todo corazón su gentileza en regalarnos un televisor nuevo para mis hijos. Gracias por hacerlos felices y también por querer ayudar a mi hijo George, han sido muy generosos" le dice Nélida. "Fue un placer, lo hicimos con mucho gusto pues no tenemos hijos y nos complace llevarle alegría a los niños que necesiten" contesta Cloe. "¿Cómo se encuentra el joven George?" Pregunta Martined.

"Él está enyesado debido a que sufrió una caída de su bicicleta, pero se está recuperando muy bien" contesta Nélida.

Continúan la pareja conversando con Nélida y Martined le dice; "Soy el dueño del equipo de pelota con sede en el parque cerca de aquí. Muy pronto comenzará la temporada, así que nos estaremos viendo a menudo. Uno de los empleados llama a Nélida para recibir un suplidor y ésta se despide de la pareja Wayne y le dice que fue un placer volverlos a saludar.

Al terminar de atender el suplidor, Nélida se queda pensando y se le ocurre algo que ella piensa traería prosperidad para el negocio. Cuando Martined y su esposa ya van a salir del lugar Nélida va a su encuentro; "Disculpe Sr. Wayne, quisiera proponerle algo, se trata de su equipo y el restaurante. ¿Podemos hablar más adelante"? "Cómo no, buena idea, tenga mi tarjeta con mi número de teléfono. Nos reuniremos para coordinar detalles al respecto" contesta Martined.

Luego de varios días de trabajo Nélida y Martined se reúnen para trazar su plan. El propósito de Nélida es promocionar el restaurante aprovechando la nueva temporada de *pelota* con el equipo de Martined. Éste le comunica a Nélida que sus jugadores estarían en el restaurante promocionando tanto el negocio como su equipo. Todos los empleados se sienten contentos y motivados. Nélida les informa; "Oigan todos, en cuatro días el equipo de grandes ligas de Martined Wayne estará degustando nuestro menú mientras se llevan a cabo las promociones". "Espero la cooperación y apoyo que siempre he recibido de ustedes desde el día uno que comencé a trabajar aquí". Todos los empleados se comprometieron con Nélida para que todo quede de acuerdo a lo planificado. Casualmente la actividad es el mismo día en que Edd estará de regreso al país.

Mientras las cosas para Nélida van mejorando, Carey está en la casa de Morris para acordar con éste y su madre la fecha para llevarle un cheque George y su familia. Deciden que la semana siguiente harán lo propio. De aquí salen hacía la disquera a una reunión para discutir la renovación del contrato de Morris. Llegan a la compañía para reunirse con Larry y en esa reunión Morris expresa su deseo de retirarse de la música por un tiempo para poder terminar su carrera como médico. "Había estado pensando esto antes, he tomado la decisión de detener mi carrera de cantante por un tiempo en lo que termino de estudiar y obtengo mi diploma en medicina". Morris ya no necesita presentaciones para vender su música, ahora su deseo es poder ayudar a personas enfermas y desventajadas.

A Larry y a Carey le tomó por sorpresa la decisión de Morris, no a su madre que eso era lo que ella anhelaba desde un principio. Morris continúa; "También quiero que mi madre se le cumplan sus deseos de verme con la bata blanca. Es su sueño, por lo que se sacrificó por muchos años y se lo voy a cumplir. "Mamá, ese momento está más cerca". Morris le da un abrazo a su madre que está llorando de felicidad.

Larry ha estado tratando de internalizar lo que acaba de suceder, pero sabe que no podrá convencer a Morris. Entonces se dirige a Diane; Señora Diane, todavía sigue en pie la oferta que le hice". Morris pregunta: ¿"Que oferta"?. Larry contesta, "La oferta de ser la vicepresidenta de la compañía". ¡"Que tú dices"! Exclama Morris, Mami esta es una posición privilegiada acéptala que yo te respaldo". "Bien hijo si así tú lo dices acepto", contesta Diane. Larry se confunde con los dos en un abrazo. "Hay que celebrar esto, aunque no es bueno para el negocio que Morris decida detener su carrera", comenta Larry.

CAPITULO XXXII

Llega el día de Edd regresar y Pierce lo espera en el aeropuerto. Nélida y el personal están preparándose para la llegada del equipo de pelota de Martined. Edd le pide a Pierce que lo lleve a su restaurante para ver cómo van las cosas con su hermana. Pierce sabe Nélida le dará una sorpresa a su jefe por lo que le desvía el tema. ¿"Cómo te fue en el viaje"? pregunta Pierce. Edd contesta; "Visité varios lugares muy hermosos e interesantes, pero la hubiese pasado mejor si hubiera ido acompañado. Intentaré motivar a Sarah para que acepte mi proposición matrimonial" (en tono jocoso). Pierce contesta a carcajadas: "Estás loco, esa mujer nunca se ha casado, creo que se quedará solterona toda la vida".

Cuando llegan al restaurante Edd se encuentra con que hay congestión vehicular por la cantidad de autos que está tratando de estacionarse en el lugar. Éste se baja de la camioneta de Pierce, camina hacia su restaurante y ve que hay una larga fila para entrar. Al intentar hacer su entrada, personal de seguridad del equipo lo detiene. "Señor, para entrar debe colocarse en la fila". Edd contesta; ¡"Si yo soy el dueño de este restaurante como que no puedo entrar"! En ese momento aparece un empleado del restaurante y le da la bienvenida por lo que se le permite el paso. Cuando Edd entra, se topa con Martined hablando con Nélida. Ésta lo saluda; "Hola Edd". Muy sorprendido la saluda y le contesta; "¿Qué es este revolú que hay aquí, me puedes explicar que ésta sucediendo"? Nélida con mucho entusiasmo le explica su plan y alianza con Martined. Éste le dice a Edd; "Está iniciando la temporada de pelota y Nélida ideó ésta promoción. La discutió conmigo y llegamos a un acuerdo que nos beneficie a ambos. Ella es una mujer con mucha creatividad". Edd contesta sorprendido; "*Wow,* es la primera vez que mi restaurante está lleno a capacidad, estoy entusiasmado por todo lo que me está pasando. Llamaré a mi gran amiga Sarah para que venga para hacerle una proposición. Edd toma su teléfono celular y llama a su amiga. "Hola Sarah, ya regresé. Quiero que vengas inmediatamente al restaurante cerca del parque, quiero que veas algo". Sarah contesta: "Sí Edd, estoy cerca del lugar, llegaré en unos minutos".

Sarah intenta entrar por la avenida hacía el restaurante, pero la fila de autos no le permite el paso. Llama a Edd para explicarle que no puede entrar. Entonces Edd llama a Pierce para que se quede con el auto de Sarah mientras ella se encuentra con él. Pierce llega hasta Sarah y le pide que se baje de su auto, que él se lo estacionará. Ella se baja y camina hacia el restaurante a encontrar a Edd. Éste la espera y al entrar Sarah se sorprende al ver tanta gente auspiciando el negocio. Edd le presenta a Nélida, pues ya había sido presentada a Martined en el restaurante Délicieuse Cuisine. Con entusiasmo le comenta; Él es el dueño del equipo de pelota, aquí están sus jugadores y personal de su equipo. Han sido invitados por Nélida, la Administradora, para darle promoción al negocio y al equipo por la nueva temporada.

Edd no pierde tiempo y pide la atención de los presentes. Inmediatamente se arrodilla frente a su amiga y le dice: "Sarah, te propongo matrimonio". Saca un anillo de compromiso muy hermoso, "Sarah ¿te casas conmigo?" A viva voz todos comienzan a gritar Sarah sí,sí,sí,sí. Ella estaba emocionada, con lágrimas bajando por sus mejillas frente a Edd. Hubo un momento de silencio total, hasta cesó el ruido de las crujientes papas fritas. Sarah finalmente contesta sonriente; "Edd aceptó tu proposición, la contestación es SÍ". De inmediato se forma una algarabía, aplausos por todas partes, hasta la gente que esperaba en fila para entrar aplaude también. Edd entonces se levanta y le da un beso en la mejilla a quien será su esposa. Nélida también le da un fuerte abrazo a Sarah y la felicita.

El señor Martined y Cloe hacen lo mismo. Al llegar la hora de finalizar la actividad, los empleados rodean a Nélida y todos unidos le dan un fuerte abrazo. Uno de ellos toma la palabra y expresa; Nélida queremos felicitarla por la gran labor que usted realiza, es usted una persona con muchos quilates". Edd le felicitamos también a usted por haberla nombrado administradora de este restaurante. Todos se despiden y Nélida sale de su trabajo y se dirige a tomar un bus para llegar hasta su casa. Ella no le ha comentado a Edd que no tiene automóvil. Llega a su hogar bien contenta y satisfecha con su labor. Su esposo e hijos la esperan y la reciben con mucho amor.

CAPITULO XXXIII

George, no se imagina que se aproximan días buenos para él y su familia. Con mucha motivación va donde su madre y le dice; "Mami, tío Pierce me llevará mañana a quitarme el yeso, estoy deseoso de que me lo quiten". "Mi hijo, yo te acompañaré" contesta Nélida". George sabe que es día de trabajo para su madre y le dice con mucho amor; "Mami, yo puedo ir con tío, no debes tomar tiempo de tu trabajo, yo estaré bien". Nélida le da un abrazo y un beso en la frente a su hijo.

Al siguiente día Pierce se presenta a la casa de su hermana para llevar a George al hospital, pero primero deja a Nélida en su trabajo. Phillip se queda en casa, ya está comenzando a buscar empleo en los clasificados del periódico. No cualifica para las plazas que hay disponible, pues no posee la preparación necesaria. En tanto cuida de sus hijos mientras su esposa Nélida labora fuera del hogar. Pocas horas después llega Edd al restaurante y saluda a Nélida. La invita a tomar un café y comienza por hacerle una proposición; "Nélida he pensado en darle la oportunidad a su esposo para que administre otro restaurante que tengo. Me caso en una semana y me voy de luna de miel, estaré durante un mes en Hawaii. Tengo el propósito de comprar un apartamento allá y necesito tener personas confiables como ustedes para que se encarguen de mis negocios. ¿Qué le parece"? Nélida sorprendida le contesta muy feliz; "Buena idea, le agradezco haber pensado en mi esposo, hablaré con Phillip cuando llegue a casa, esta tarde".

Al poco rato aparece Pierce con George para comer hamburguesas. Nélida los recibe muy feliz y abraza a su hijo y pregunta cómo le fue. Pierce le contesta que todo está bien y que su sobrino ya puede continuar con su vida normal. Edd se acerca a saludarlos con un abrazo. George tímidamente lo saluda y permanece al lado de su tío, Edd se dirige a George; Tengo una sorpresa para ti". George no se imagina la sorpresa que éste le dará antes de irse para Hawaii. Por el momento no quería que su amigo Pierce se enterara. Pues también era una sorpresa para él.

Edd ha cambiado muchísimo después que sufrió su situación cardiaca. Se ha propuesto vivir feliz los días que le queden por vivir y hacer feliz a los que siempre han estado con él. Le comenta a su amigo; "Oye hermano, la vida es una sola y hay que aprovecharla. Me caso con Sarah dentro de una semana". Llaman a Pierce, sus hamburguesas ya están listas y con bandeja en mano, se sienta con su sobrino frente a su mejor amigo. Mientras tanto, Nélida continúa con sus labores en el restaurante. Pierce oye atentamente a su amigo mientras le da una mordida a su hamburguesa, a George se le hace difícil morderlo porque no tiene los dientes del frente. Edd le pregunta a George que por qué no está estudiando. George le contesta; "Por varias razones, la primera es que quería ayudar a mis padres que habían quedado imposibilitados para trabajar". Cuando iba a decir la segunda mira hacía abajo y en tono avergonzado confiesa por primera vez que era objeto de acoso por sus compañeros de clases y también golpeado por jóvenes del vecindario a cada rato. Por eso busca compañía de personas adultas o se mantenía en su casa la mayor parte del tiempo. Pierce y Edd lo miran atentamente. Edd le dice a su amigo Pierce (quien se ha entristecido) quiero acompañar a George a su vecindad, este abuso se tiene que acabar.

Físicamente Edd es un hombre corpulento, con una estatura de 6 pies con 5 pulgadas. Sus brazos eran impresionantes, cualquiera que lo ve puede pensar que practica el deporte de levantamiento de pesas.

Llegan al vecindario donde viven los Jackson- Ville y Edd le pide a George que le diga dónde se reúnen los abusadores que lo golpean. George detecta un grupo de cuatro jóvenes que casi siempre se reúnen en un solar vacío. Edd le pregunta a George si aquellos eran los que lo golpean. Tímidamente le contesta que sí. Edd le ordena a George; "Bájate de la camioneta y camina hacia ellos". George se niega a bajarse porque sabe que le van a golpear y le dice a Pierce; "Tío no quiero bajarme, me van a golpear". Pierce contesta de manera compasiva; "No temas, que no es lo que queremos, nuestra intención es que esto no continué sucediendo. George se baja de la camioneta y camina tímidamente hacia ellos. Cuando los jóvenes se percatan de la presencia de George comienzan a murmurar entre sí. Al George acercarse más hacia ellos comienzan a acorralarlo y a llamarle sobrenombres. Inmediatamente Edd se baja de la camioneta y corre hacia ellos. Uno le da un golpe con la mano abierta a George por la cabeza. Edd agarra al atacante y otro de ellos con sus dos brazos. Estos tratan zafarse mientras los otros dos huyen a toda prisa. Pierce los intercepta y Edd le pide que los acerque a él. Al ver el rostro de Edd, los que están con Pierce comienzan a caminar asustados hacía él. Resulta que los cuatro jóvenes conocen a Edd ya que ellos frecuentan uno de los restaurantes de éste. Edd mantiene a los dos jóvenes agarrados, mientras George se sacude aún del golpe que recibió en su cabeza. Ya reunidos con los cuatro jóvenes, Edd le reclama por qué tienen que golpear a George si él no les ha hecho nada a ellos. ¿"Les gustaría que una pandilla le hiciera lo mismo a cada uno de ustedes? Pregunta Edd. Todos bajan la cabeza avergonzados. "Entiendo que no, pues no le vuelvan hacer daño a este joven. Discúlpense con él y no quiero enterarme que esto se repite, porque habrá consecuencias", le comunica Edd. Cada uno le da la mano y se disculpan con George. Éste muy feliz le da las gracias a Edd por el acto de valentía y la gentileza de ayudarlo con un problema que lo angustiaba por mucho tiempo. Su tío y Edd lo conducen a su casa donde lo están esperando Cloe y Jenny, la odontóloga que se encargará de renovar su sonrisa.

CAPITULO XXXIV

George baja de la camioneta y cuando llega a su hogar, Jenny lo saluda le dice que lo estaba esperando para junto a su padre llevarlo a su consultorio. Ella le tomará las medidas para proceder a hacerle unos dientes nuevos y que su sonrisa vuelva a brillar. Ya en la oficina, la doctora junto a su asistente lo evalúan, le toman radiografías a la boca de George y proceden hacerle una limpieza. Luego Jenny procede a tomarle las medidas del área donde irán los dientes. Finalmente le solicita a Phillip que lo traiga dentro de dos días, ya que trabajará arduamente para que su hijo tenga sus dientes pronto.

De regreso a casa de los Jackson-Ville, Jenny le habla de su amiga Cloe. Ella le dice que el único hermano de su amiga murió a los doce años. Que cuando conoció a George le tomó mucho cariño por el parecido de éste con su hermanito. Además de que Cloe y Martined eran personas con sentimientos nobles y grandes seres humanos.

Ya en el hogar George decide salir en su bicicleta después de muchos días sin usarla por el yeso. Da un paseo por el parque y de regreso un maleante lo detiene y comienza un forcejeo para quitarle la bicicleta. Finalmente el maleante le arrebata la bicicleta. Los jóvenes que acostumbraban a acosarlo ven lo sucedido y tres de ellos van tras el maleante. El otro se detiene y levanta a George del suelo. El maleante trata de acelerar la bicicleta pero se le sale la cadena y no puede seguir pedaleando. Este suelta la bicicleta y se escapa corriendo. Los tres jóvenes se la llevan a George. Uno le dice, "Aquí tienes George tu bicicleta, está descompuesta pero se puede reparar. Eres nuestro amigo y te defenderemos de *cualquier* persona que venga a hacerte daño". Entonces George le estrechó la mano. A cada uno le da un abrazo humildemente y se marcha.

Ya entrada la tarde luego de un día duro de trabajo Nélida se despide de los empleados, cierra el restaurante y se dirige a su hogar.   Se siente muy contenta, ya que acaba de cobrar su primer cheque y tiene planes para sus hijos. A su llegada a la casa, su esposo le da un abrazo y un beso y expresa; Nélida mi amor podemos comprar alimentos y artículos de primera necesidad para los niños. Luego arreglaremos el auto para que podamos ir a trabajar cuando yo esté empleado. Nélida muy sonriente le contesta; "Ya tienes empleo, Edd te está ofreciendo la plaza de administrador en su restaurante de *Uptown*". Phillip contesta; "Me halaga mucho que haya pensado en mi, pero mi amor yo no tengo ni experiencia ni preparación académica en el área de administración de negocios".   Nélida contesta, "Yo tampoco la tenía y mira lo bien que me he desempeñado". "Muy bien la aceptaré, infórmale que me puedo reunir con él en el momento que él lo desee", contesta Phillip. "Tenemos que coordinar el cuido de los niños mientras trabajamos. Por el momento se encargará Shirley hasta que comience a estudiar nuevamente. Luego los llevaremos a un centro de cuidado infantil".

Al día siguiente Nélida le da la noticia a Edd que su esposo acepta su proposición de trabajo. Edd le da instrucciones para que ella misma le de el adiestramiento, ya que se desempeña muy bien. "Me parece un hombre muy inteligente y hará que el otro restaurante también progrese", le comenta Edd. El próximo día, ambos se dirigen a reunirse con Edd en el restaurante que administra Nélida. Éste le estrecha la mano a Phillip y le dice; "No se preocupe su esposa será su entrenadora en esto (a carcajadas). Sé que aprenderá muy rápido lo que no sepa se lo pregunta a ella".

Luego de varios días Phillip se ha acoplado a sus funciones, gracias a la ayuda de su esposa Nélida. Ambos van en su viejo auto que pudieron reparar hasta que puedan ahorrar suficiente dinero para comprar uno mejor.

CAPITULO XXXV

Hoy Martined Wayne está reunido con su amigo Stuard para ultimar los detalles de la remodelación de la casa de los Jackson-Ville. Aunque ya ambos están empleados, por el momento no podrán hacer todas las reparaciones necesarias en su hogar. Además el señor Martined es un hombre de palabra y su esposa le ha tomado mucho cariño a George, a quien ama como su hermano y los otros niños de la familia. Ellos desean evitar que los pequeños sean removidos del hogar y se los entreguen a una familia sustituta. Lo que evitaría la remodelación a tiempo.

Llegó el día tan esperado por George y sus padres. Pierce va a la casa de su hermana a buscar a George para llevarlo a la odontóloga para ponerle sus dientes nuevos. Para que Phillip no se ausente de sus labores, Pierce prefiere encargarse del asunto. Al llegar ambos a la oficina de Jenny se sientan en la sala de espera donde en algún momento lo llamarán para ponerle sus nuevos dientes. George se encuentra muy ansioso. Se abre la puerta y se escucha el nombre de George Jackson y éste salta de su silla.

Ya terminada la montura de sus dientes la doctora Jenny le muestra a George un espejo, éste comienza a mirarse tímidamente. "La doctora le dice; "Vamos no tengas miedo de sonreír". Jenny lo motiva a reírse a carcajadas, tanto que se oyen las carcajadas de George en la sala de espera. Pierce y los demás pacientes que esperan en la sala también comienzan a reírse. "Será que le habrán hecho un chiste a George" piensa su tío. George se ve muy feliz, y no es su nueva sonrisa solamente, sino que ya no hay tristeza, pues por su melladura por tantos años que estuvo sin sus dientes le causaron amarguras y baja autoestima. Al levantarse de la silla, le da un abrazo a la doctora y la asistente de ésta y le agradece a Jenny su atención hacía él. Hoy comienza una nueva vida para George, el joven amoroso que desde este momento en adelante podrá abrir su boca y sonreír con confianza.

Al llegar hasta Pierce, éste se levanta y lo recibe entusiasmado; "Vamos a ver, muéstrame tu felicidad con una sonrisa sobrino". George lo complace dándole a su tío una bella sonrisa. Pierce lo abraza muy emocionado y le comenta lo guapo que luce con su nueva sonrisa. George le contesta: "Tío me siento muy feliz y podré comer de todo lo que no podía disfrutar antes". Quiero que me lleves a donde mami para que me vea y disfrutar de una hamburguesa con papas fritas". Pierce contesta; "Claro que sí sobrino, mereces celebrar comiendo lo que te apetezca. Eres el sobrino que yo más quiero, siempre tú has estado muy cerca de mí". Esto se lo decía mientras conducía hacia el restaurante de su amigo Edd.

A su llegada, Pierce le dice a George; "Siéntate y quédate aquí mientras busco a tu mamá. Se allega hasta donde se encuentra su hermana; Nélida te tengo una sorpresa, quiero que veas al nuevo George. Ambos caminan hasta donde George, Pierce le dice a George: "Vamos sobrino regálale una sonrisa a tu mamá. George mira a su madre y le da una hermosa sonrisa. Ella grita de la emoción y felicidad y le da un abrazo y muchos besos. Los clientes que están sentados comienzan a aplaudir en señal de felicidad. Nélida le dice a George; tú eres mi motivación a seguir luchando, tú has hecho que yo a pesar de no tener riquezas, sea feliz contigo y con los demás. Me siento tan feliz en el día de hoy". Las lágrimas de Nélida seguían brotando mientras Pierce le da unas palmaditas a su amada hermana.

Mientras tanto en la casa Diane habla con Morris. "Hijo no sabes cuánto me alegro de que hayas decidido continuar tus estudios en medicina, es una profesión para toda la vida". Ese es mi gran sueño, que tu puedas culminar tus estudios, me haces tan feliz Morris". "Mami", responde Morris; "la carrera como cantante me ha dado tanta fama y dinero pero descubrí que ya eso no me llena. Siento pasión por cantar pero no encuentro felicidad en lo material. Tengo en mi corazón el deseo de ayudar a salvar vidas. Ayudar a personas de escasos recursos económicos y eso me ha motivado a estudiar para terminar mi carrera. Quiero llevar felicidad a ese joven que me parece que la está pasando mal, además le hice una promesa y quiero cumplirla. Llamaré a Carey nuevamente, quedamos en ir esta semana a visitarlo. Quiero donar una parte de lo que Dios me ha dado por bendición, seré más feliz ayudando a los demás". Diane contesta dándole un fuerte abrazo; "Mi amor tú tienes un gran corazón y te admiro mucho por eso, anda, llama a Carey."

Suena el teléfono de Morris, es Carey llamando. "Saludo Morris, ¿podemos ir mañana a ver al joven George Jackson? Morris contesta: Casualmente me iba a comunicar contigo sobre ese asunto". Carey y Morris se ponen de acuerdo para visitar a George el próximo día después de las 10:00 de la mañana.

Al otro día Diane se prepara para reunirse con Larry, en su oficina. Ve que su hijo va a salir y le pregunta a dónde irá. "Mami anoche te iba a decir que Carey y yo vamos a visitar al joven George hoy para llevarle el cheque, pero te quedaste dormida y no quise despertarte". Diane le contesta; "Tengo una reunión con Larry hoy, pero lo llamaré para cancelarla, deseo acompañarlos". Diane procede a comunicarse con Larry; "Buen día socio, te llamo para posponer la reunión de hoy. Discúlpame pero debo ir con Morris a entregarle una ayuda económica al joven que propició que mi hijo llegara a la fama". Larry contesta; "Diane precisamente te iba a hablar sobre ese joven. Voy a abrir un espacio en la TV llamado Cocinar con Salsa. Pensé en la hermana mayor de George, ella es una joven talentosa con una voz preciosa y le gusta cocinar. Quiero hacerles una oferta a sus padres, para ver si la aceptan. Permítanme acompañarles, vengan a buscarme y continuamos hablando en el camino, los espero.

Carey recoge a Morris y a Diane luego pasan por Larry quien los espera en el lobby de la compañía. Al llegar a la compañía Larry los ve llegar y camina hacia ellos. El auto se detiene, Larry abre la puerta y entra a la parte de atrás donde está sentada Diane, le da un beso en la mejilla. Le lanza besos a Morris y a Carey y dice "Saludos a todos". Carey maneja su auto grande y cómodo hacia la casa de los Jackson-Ville.

Al mismo tiempo Nélida y Phillip van de camino para dejar a Shannyn, Kirby, Sasharie, George y Douglass, en casa de Miss Mary, mientras llevan a Shirley hasta el hospital. Ella se encuentra enferma, pues se siente bien débil y sin ánimo. Esto vuelve a complicar la situación para la familia. Llega Carey con los demás al hogar de los Jackson-Ville, se bajan todos del auto caminan hacia la entrada de la casa, tocan la puerta pero nadie le contesta. Una vecina le informa que hace poco tiempo todos salieron juntos.

Morris se va muy apenado del lugar por que quería volver a ver a ese joven que lo lanzó al estrellato, más aún después de Carey haberle informado la situación del hogar y la familia. Al verlo tan apenado, Diane le habla a su hijo; "Mi amor regresaremos pronto, no te preocupes. La casa se ve muy deteriorada pero le brindaremos la ayuda necesaria". Larry le contesta; Sí, yo estuve en la casa y por dentro también está en mal estado, necesita una remodelación total". Morris contesta; "Quería entregarle el dinero pronto, con esto pueden comprar sus alimentos y cubrir otras necesidades básicas de la familia. Mami los ayudaremos a salir de la crisis".

A la salida del vecindario a Larry se le ocurre una idea; "Ya sé, daremos un concierto con nuestros artistas para ayudarlos. Diane esta es tu primera encomienda". Diane responde: "¡Eso es jefe! Comenzaré a trabajar con mi encomienda desde hoy mismo. Morris muy entusiasmado se dirige a Diane; "Mami puedes contar conmigo, seré el primer artista en unirme a esta noble causa. Me comunicaré con otros colegas artistas para que se unan a este concierto de recaudación de fondos para la familia Jackson-Ville.

CAPITULO XXXVI

Por otro lado, el médico que atiende a Shirley, le ha diagnosticado un desgaste físico y por su corta edad tendrá que permanecer varios días en el hospital bajo tratamiento. Nélida reconoce que por ambos padres estar fuera del hogar, Shirley se ha esforzado por llevar las riendas de la casa y con lágrimas en sus ojos le habla; "Mi amor te hemos abandonado a ti a mis demás hijos, los amo tanto a todos y no quiero fallarle. Te prometo que tomaré las medidas necesarias para prestarle más cuidados y atención". Ambas se toman las manos en señal de solidaridad. Phillip sale de su trabajo y se dirige al hospital, al llegar se registra y se dirige a la habitación donde está su hija Shirley. Se allega y le da un abracito con mucho cuidado, pues le están suministrando sueros para la deshidratación y vitaminas intravenosas. Phillip le pregunta: "¿Cómo se siente mi princesa?" Shirley contesta con una débil sonrisa; "Papi me siento un poco mejor". Phillip se acerca a saludar a Nélida con un beso y ésta le dice; "Mi amor, vamos a hablar fuera de la habitación.

Ya en pasillo, Nélida comienza; "Mi amor, no había pensado en que le estaba delegando mi responsabilidad a Shirley a tan tierna edad, me duele mucho lo sucedido. Hoy es ella, hace unas semanas fue George con un yeso, mañana puede ser otro y yo necesito estar presente para mis hijos. Continuamente pienso en ellos mientras laboro. Ya tu estas empleado y creo que es hora de que yo me quedé en el hogar cuidando y supervisando a nuestros hijos. Renunciaré al trabajo aunque tu sueldo nos alcance solamente para alimentos y gastos esenciales". Phillip la abraza y le contesta; "Realmente yo nunca he querido que trabajaras, cedí porque los niños estaban pasando necesidad. Estoy de acuerdo con que te quedes en el hogar mientras yo trabajo para sacar hacia adelante la familia. Deseo un mejor porvenir para los niños.

Mientras Nélida y Phillip dialogan, llega el médico que va a examinar nuevamente a Shirley. El médico le informa a los padres que los resultados de las pruebas sangre salieron negativos. Su nivel de hidratación está normal y que la joven puede regresar a su casa en el día de hoy, no obstante debe permanecer en descanso por espacio de una semana. También debe tomar bastante líquido y comer sus alimentos. Nélida y Phillip le dan las gracias al médico y Nélida le dice que ella se encargará de cuidarla bien para que pronto se recupere.

Nélida se comunica con su hermano para que la venga a buscar al hospital mientras Phillip pasa a recoger a los demás niños a la casa de Miss Mary. Sin perder mucho tiempo, Pierce llega al hospital donde está su hermana al lado de su hija que está en una silla de rueda llevada por un escolta, encargado de llevar a los pacientes a su salida del hospital. Ya sentados en la camioneta, Pierce se dirige hacia la casa de su hermana. Nélida le comenta a éste que renunciará a su puesto en el restaurante, porque quiere dedicarles el tiempo necesario a sus hijos. Pierce la apoya en esa decisión tan difícil de escoger entre su trabajo o la crianza de sus hijos, ya que se van a enfrentar a una situación económica muy limitada. Nélida le comunica a Pierce; "Llamaré a Edd en la tarde para informarle sobre mi renuncia". Ya frente a la casa de los Jackson-Ville, se bajan de la camioneta, Pierce toma a su sobrina en sus brazos para llevarla hasta su habitación.

Shirley se ríe a carcajadas y le dice; "Tío hacía mucho tiempo que no me tomabas en tus brazos". "Pierce visiblemente esforzándose por cargarla le contesta; "Es que tu ya estas pesadita y es más fácil tomar a Kirby, Sasharie y Douglass. Pierce notablemente fatigado, la lleva hasta su cama donde debe quedarse por unos días en reposo.

Cae la tarde y Nélida hace una llamada a su jefe Edd. Hola es Nélida, lo llamó para comunicarle que con mucho pesar debo renunciar a mi puesto. Me dedicaré al cuidado de mis hijos. Ellos me necesitan como madre y yo necesito supervisarlos y protegerlos a ellos. Ciertamente necesito el trabajo por nuestra situación económica, pero siento que he abandonado mi responsabilidad de madre de velar por sus hijos. Deseo estar pendiente a la salud de ellos, que sean personas con buenos valores, respetuosos, que se interesen por sus estudios y solo lo puedo lograr si estoy presente en el hogar. Es muy difícil cuando son seis niños". Edd con mucha tristeza acepta su renuncia y con voz quebrada le contesta; "Usted ha puesto este negocio en alto, las ventas han subido desde que comenzó a administrarlo. Es con mucho pesar que le acepto la renuncia, la echaré de menos. Dado el caso que ya no estará, traeré a Phillip para acá y contrataré a otro administrador en *Uptown*. Creo que su esposo llenará el vacío que usted dejará en este negocio. Espero que todos sus deseos se cumplan.

En la mañana siguiente, Nélida prepara el desayuno para toda la familia, Phillip se está preparando para ir a trabajar en el restaurante que Nélida administraba. Mientras tanto, en el Departamento de la Familia se coordina el proceso de remover los tres niños menores de la familia Jackson-Ville con las trabajadoras sociales.

Por otro lado también se está preparando el matrimonio Wayne, quien junto a Stuard le darán la sorpresa a la familia sobre la remodelación de su casa. Además, Stuard aprovechará el momento para entregar a George un cheque por haber causado accidentalmente que el cuadro que le regaló Martined aumentara su valor. A su vez, Larry les llevará lo recaudado del concierto y Diane y Morris le entregarán un cheque a George para él su familia.

Ese día cuando Phillip regresa de su trabajo, se encuentra que frente a su casa hay varias patrullas de la policía. Le parece extraño y llama a Nélida desde su teléfono celular. Phillip se comunica; "Mi amor hay varias patrullas policíacas frente a la casa, que pasará". Nélida se asusta y se asoma por la ventana de su casa. De momento llegan los trabajadores sociales del Departamento de la Familia, se bajan del auto y comienzan a dialogar con los agentes de la policía. Phillip se baja de su auto y entra a su hogar. Luego de varios minutos de diálogo entre los dos grupos, se dirigen hacia la puerta de la entrada de la casa, llaman a y Phillip abre la puerta. Uno de ellos se identifica como que pertenece al Departamento de la Familia y pregunta; ¿Podemos entrar para hablar con ustedes?" Phillip accede, y Nélida envía a todos sus hijos hacia sus habitaciones. Phillip les invita a sentarse. Mientras todo esto sucede en la casa de los Jackson-Ville, casualmente Doña Emma también se dirige a llevarle su cheque.

CAPITULO XXXVII

Luego de la renuncia de Nélida, Edd recuerda que había prometido darle un dinero como resultado de las monedas que éste encontró en su patio. Sabe que la familia va a necesitar este dinero, ya que su madre no continuará laborando fuera del hogar. Llama a su amigo Pierce para que lo lleve a casa de su hermana para cumplir con lo prometido. Qué casualidad que estas personas que George toco sus vidas decidieron retribuirle económicamente. Todos están de camino a la casa de la familia.

Mientras tanto los trabajadores sociales intentan remover del hogar a tres de sus hijos. Los Wayne llegan y se acercan a la calle de la casa de los Jackson Ville y un agente de la policía los detiene. El agente reconoce a Martined, que es el dueño del equipo de pelota del cual éste es fanático. "Buenas tardes señor Wayne. ¿Hacía dónde se dirigen?" Martined le contesta; "Buenas tardes señor oficial, nos disponemos a ir al hogar de una familia necesitada. Por favor permítanos pasar, tenemos planes de remodelarle la casa. El agente de la policía responde: "Disculpe, pero tengo instrucciones de que nadie puede pasar este perímetro, permítame hablar con mi supervisor". El agente se retira para hablar con su supervisor en la casa de los Jackson- Ville.

Nélida se encuentra con sus nervios alterados; "No se pueden llevar a mis hijos, ellos están bien aquí, no se van a ir a ningún hogar sustituto. Una de las trabajadoras sociales le notifica que por las condiciones en que se encuentra la casa tienen que llevarse a Kirby, Sasharie y Douglass. Además ellos lucen descuidados y desnutridos y no pueden continuar viviendo en el hogar en esa situación. Phillip muy tembloroso le contesta; "Señorita, ya yo comencé a trabajar y tengo el dinero de sus alimentos. Mi esposa ha renunciado a su trabajo para darle una mejor atención y cuidar de ellos todo el tiempo". Aun así la trabajadora social le vuelve a explicar la Ley y luego le contesta; "En varias ocasiones hemos venido a visitarlos y siempre nos encontramos con alguna situación. No pueden oponerse o tendrán que ser arrestados y entonces su situación se complicará". La pareja estalla en llanto. Phillip le suplica; "Por favor, entonces permítanme despedirme de mis niños a solas, salgan de la casa y se los llevaremos a la entrada. Ellos se retiran y se van fuera de la casa, mientras Nélida y su esposo llaman a todos sus hijos para que salgan de sus habitaciones y vengan a la sala.

Al llegar el agente de la policía con su supervisor quien es sargento, éste reconoce a Martined, pues han compartido durante muchos años. "Hola Martined ¿Que te trae por aquí"? Martined contesta; vengo a remodelar una casa de una familia de escasos recursos que realmente lo necesita. El sargento de la policía pregunta; "¿Cuál familia?" Al Martined contestar que es la de los Jackson-Ville el sargento responde; "Precisamente en esa casa es el operativo del Departamento de la Familia. Están en el proceso de remover a tres de los seis hijos que tienen por las malas condiciones en que se encuentran los niños y la casa". Entonces Cloe en tono de angustia interviene; "Sargento, precisamente a esos es que venimos, a remodelarle su casa completamente y con el compromiso de ayudarle económicamente". El sargento al oír las palabras de la esposa de Martined le dice; "Esperen aquí, tal vez esto cambie la situación, hablaré con las trabajadoras sociales. Mientras Martined espera, llega Larry con Diane y Morris, preguntan qué sucede que no están permitiendo el paso. Martined saluda a Larry y a Diane y le explica la situación. Llega Pierce con su amigo Edd, también sorprendido. Martined le comunica a Pierce lo que ésta sucediendo en casa su hermana y éste comienza a llorar. Edd le da un fuerte abrazo de consuelo y le pide que se tranquilice que está seguro de que todo se va a resolver.

Doña Emma se dirige con su vecino hacía la casa de los Jackson-Ville pero se encuentra con la calle congestionada de vehículos, de curiosos y vecinos que llegan al lugar. Ven pasar a una señora y le pregunta qué está sucediendo en el área. La señora le dice que es que el Departamento de la Familia va a quitarle los niños a la familia Jackson-Ville. Ella se baja del carro de su vecino, trata de avanzar y va toda prisa. Le pide a un joven su bicicleta prestada para poder llegar a tiempo. El joven le dice que no tiene frenos. Doña Emma la toma y dice que no importa, que lo que quiere es llegar pronto. Comienza a correr la bicicleta y llega al sitio donde están Martined y los demás. Doña Emma trata de parar la bicicleta y no puede detenerla. En el momento un periodista que también pasaba con el camarógrafo se acerca al lugar para cubrir la noticia de lo que estaba sucediendo allí. Doña Emma pasa por el lado de un policía y le solicita ayuda, pero ambos caen al suelo. El policía se levanta y la levanta a ella, quien continua su marcha corriendo hacía la casa de George, pero el agente de la policía la detiene y le da la instrucción de permanecer detrás del perímetro. Ella obedece, se acerca a Cloe quien le dice sollozando, "Todos estamos esperando que nos dejen pasar".

El sargento, luego de hablar con los trabajadores sociales logró convencerlas y le dan la orden que permitan pasar al matrimonio Wayne. De regreso, el sargento trae buenas noticias; "Martined puede pasar con su esposa, las trabajadoras sociales les esperan". Cloe responde; "Sargento, todas estas personas también vienen a ayudar a la familia Jackson-Ville, seguramente esto tendrá aún más peso a su favor". El sargento sonriente les permite el paso a los demás.

Cuando el señor Martined y su esposa Cloe llegan a hasta las trabajadoras sociales, ellas se dan cuenta de quien se trata. Los Wayne le expresan su intención y la de las demás personas junto a ellos, para con la familia Jackson-Ville. En ese momento la puerta de entrada a la casa se abre y salen Phillip y Nélida visiblemente llorosos con sus tres hijos pequeños. Caminan hacia las trabajadoras sociales a entregarle los niños. Una de las trabajadoras sociales se acerca y le comunica; "Tengo buenas noticias, hemos decidido detener este proceso. El matrimonio Wayne y estas otras personas aquí presentes se han comprometido en darle la asistencia económica necesaria para que ustedes puedan mejorar su calidad de vida como familia. Vamos a darle la oportunidad a que eso ocurra, y estaremos dándole seguimiento al caso de acuerdo a la ley. Sí las condiciones mejoran, el caso será cerrado. Esperamos que sean muy felices". Nélida y Phillip no pueden asimilar todo lo que esta sucediendo.

CAPITULO XXXVIII

Se despiden las trabajadoras sociales y Morris pregunta; "¿Dónde se encuentra el responsable de todo esto"? "¿A quien se refiere"? pregunta Phillip. Doña Emma responde; "A George, el joven que nos ha hecho felices a todos los que estamos aquí". Nélida va hacia adentro de la casa en busca de George. "Mi amor en la entrada hay unas personas esperando por ti, dicen que te tienen una gran sorpresa". George sale tímidamente con su mamá, mientras todos aplauden incluyendo los agentes de la policía y los vecinos del lugar. A todo esto el periodista continúa cubriendo las incidencias, ya que las considera la noticia del momento. Martined quien se ha convertido en el portavoz del grupo, solicita que se una toda la familia para que todos los conozcan. Nélida va corriendo emocionada en busca de sus demás hijos, incluyendo a Shirley quien se siente mucho mejor. Todos salen y Martined le informa a los Jackson-Ville que su casa será remodelada totalmente gracias a que George llegó a la vida de él y su esposa. Le confesó que Cloe le tomó cariño por su gran parecido a su hermano que murió muy joven. Además que ellos se propusieron ayudar a personas con necesidad económica. Termina Martined sus palabras; "Dejo con ustedes a Larry Summers, dueño de la disquera más famosa en el mercado". Larry acaricia la cabeza de George y comienza; "George aquí les traigo lo recaudado en un concierto especialmente para cubrir necesidades de tu familia". Le hace entrega simbólica de un cheque, que luego obtendrán en efectivo.

Es el turno de Morris y éste toma la palabra y en forma jocosa; "George, gracias a tu manera de brillar zapatos, me hiciste dar el salto a la fama. Los resbalones que daba al caminar, fue lo que le gusto a Larry para darme la oportunidad y lanzarme al estrellato (se escuchan risas y carcajadas). Diane y Morris hacen entrega e otro cheque a George. Esto hace que George mire a sus padres con una gran sonrisa. Los amigos presentes al ver a George con dientes comienzan a aplaudir. Morris y George se dan un fuerte abrazo.

Los padres están asombrados por las hazañas que su hijo ha hecho. Luego toma la palabra Doña Emma, quien también narra su experiencia de como tuvo que llegar hasta a George para conseguir su billete de colección. "Estuve que correr en una patineta para alcanzarlo" Todos ríen a carcajadas porque nunca imaginaron ver un anciana correr patineta. Ella abraza a George y le da un cheque por una gran cantidad de dinero.

George tiene una luz especial, que ha logrado conquistar a todas las personas con quien él ha tropezado. Ciertamente es un joven humilde y honesto, que lo único que desea es poder ayudar a su familia y de esta forma accidentalmente lo logró sin darse cuenta de que en este momento la felicidad está llegando para ellos.

Los Jackson-Ville continúan emocionados, no pueden parar de llorar, pues es un momento especial. Los niños son abrazados y los pequeños cargados por algunos de los presentes. Finalmente le toca el turno a Edd quien se ha convertido en un hombre caritativo; "George, yo nunca tuve hijos y dentro de poco me voy a casar por primera vez. Por tu humildad y mansedumbre quiero considerarte como un hijo adoptivo, ya tu tío Pierce es el hermano que nunca tuve. A ti te hago entrega también de este cheque, por haber encontrado las monedas de oro en mi propiedad" (le da un abrazo fuerte).

Stuard se había mantenido callado mientras esperaba su turno, pues él sabía que iba a dar una gran sorpresa a los Wayne por la calidad humana de éstos. Comienza Stuard, "Martined, el cuadro que usted me regaló lo lleve a subastar para poder costear los gastos de la operación de mi hermana. Pensé que el valor del cuadro cubriría los gastos médicos solamente, pero para mi sorpresa al estar manchado con pintura por George, éste aumentó su valor. Decidí dividir el dinero luego de pagar los gastos médicos de mi hermana, por lo que doné a una entidad benéfica y traigo otra parte para George y su familia. Phillip, Nélida y George aún llorosos, le dan un fuerte abrazo a Stuard y agradecen su nobleza. Martined queda sorprendido y le da un fuerte abrazo y le dice "Te felicito por ese gesto, he quedado conmovido de que ese cuadro de mi padre haya servido para beneficiar la salud de su hermana y otras personas necesitadas."

Con todo el dinero que la familia ha recibido, podrán tener una mejor calidad de vida y pagar una buena educación para sus hijos. Pero todas éstas donaciones no quedan ahí, Cloe le tiene otra sorpresa. Aparece un automóvil nuevo frente a la casa y ella le dice "George, ese es tu auto, ya no tendrás que estar esperando por autobuses. Tu padre lo podrá manejar y llevarlos a pasear. ¿Qué esperan? Suban al auto y pruébenlo, esperaremos por ustedes. La familia muy contenta sube al auto y Phillip en el volante le da un corto paseo por la vecindad. Cuando llegan frente a la casa todos los presentes los reciben con más aplausos.

CAPITULO XXXIX

Los Wayne coordinaron con Stuard la remodelación de la casa de los Jackson-Ville, estos deben deshabitarla para comenzar el proceso lo antes posible. Martined se dirige a Phillip y a Nélida y le dice que mientras se hacen los arreglos a su casa ellos pueden quedarse en el hotel que Cloe tiene en la ciudad. Nélida le contesta, "Muchas gracias por ofrecernos su hotel, nos han dado demasiado, pero quisiéramos ir a Puerto Rico. Desde que vinimos a vivir a Estados Unidos no hemos visto nuestros padres y creo que es el mejor momento". "Bueno vayan a Puerto Rico y disfruten con la familia, cuando se haya completado la remodelación nos comunicaremos con ustedes para que regresen a su nueva casa", le contesta Cloe. Poco a poco se van despidiendo los donantes. Finalmente se marcha Edd con Pierce, pues él se siente parte de la familia y quiso compartir un poco más con ellos.

Phillip y Nelida se disponen a salir al banco a depositar los cheques, comprar los boletos de su viaje y algunas cosas que necesitan ellos y los niños. Le piden a Shirley que se encargue de cuidar a sus hermanos y se marchan en el auto nuevo. Nélida le comenta a Phillip que le parece estar viviendo un sueño, que aunque sus vidas han cambiado en este día, continuará siendo la misma persona. "Ahora más que nunca, lucharé para que mis hijos sean personas educadas, de bien a la sociedad y que no sean vanidosos. Siempre deben recordar la experiencia que nos dio la vida" continúa Nélida. Phillip le da un fuerte apretón de mano a su esposa. Mientras tanto en la casa Shirley está cocinando una receta que le enseño Miss Mary.

Unos días después, antes de partir a Puerto Rico la familia Jackson-Ville visita a un centro comercial para comprar regalitos para Miss Mary de parte de cada miembro, desde Phillip hasta Douglass. Luego se dirigen hasta la casa de la profesora, quién cuando abre la puerta de su hogar Douglass se abraza a sus piernas y le entrega su regalo. Así sucesivamente cada uno le entrega su regalo y le da un abrazo. Miss Mary comienza a llorar de alegría y agradecimiento. "Ha sido tan hermoso que me hayan venido a visitar y traerme regalos en víspera de la Navidad, no esperaba esta sorpresa. Saben que los amo mucho, tanto como si fuera su madre." Se dirige a su habitación y regresa con regalos para la familia. Phillip le agradece y le dice, "Usted ha sido más que una madre, cuando la hemos necesitado, siempre ha dicho presente. Estaremos agradecidos de usted por siempre". También aprovechó la oportunidad para darle la noticias de las donaciones que las personas le habían hecho a través de George.

"Ahora nos tenemos que despedir y desearle Feliz Navidad, esta noche partimos para Puerto Rico en lo que terminan de remodelar nuestra casa. Queremos darle una sorpresa a nuestros padres, ellos no saben que vamos para allá." Todos se despiden con abrazos y besos a Miss Mary, quien se despide con lágrimas en los ojos. La familia va en busca de Pierce para que los lleve hasta el aeropuerto. Pierce se despide y los deja, llevándose el auto nuevo a su casa mientras los Jackson-Ville estén de viaje.

Abordan el avión con mucho júbilo. Los padres de Phillip y Nélida no conocen a los niños que nacieron en Estados Unidos, solamente a Shirley e Shannyn que se fueron pequeñitas. Llegan en la noche y el hermano de Phillip los espera en el aeropuerto. Éste no les ha informado a sus padres de la visita de su hijo, nuera y nietos. Al llegar a la casa en Otado, llaman a la puerta y doña Amy abre, al ver a su hijo Phillip lo abraza con mucha emoción. Su padre Bratt, quien está viendo televisión se levanta sobresaltado. Todos se abrazan, se besan y los padres de Phillip lloran de la emoción al conocer sus nietos y ver cuanto han crecido Shirley e Shannyn. Luego de compartir un rato y más relajados, doña Amy va para la cocina a preparar comida. Phillip la detiene, "Mami no vayas a cocinar ya todos comimos antes de llegar, queremos acostarnos a descansar, los niños están muy cansados. Comienzan Nélida y doña Amy a preparar las camas donde han de dormir. George y Douglass duermen en la habitación que era de su padre, Phillip, Nélida y las niñas se acomodan en la habitación de los huéspedes. Esa noche se duermen con el sonido del cantar del coquí.

Ya en la mañana comienzan los cánticos de los gallos, es 25 de diciembre, Día de Navidad, pero para los niños Jackson-Ville es más que eso. Todos despertaron temprano, aunque no están acostumbrados a recibir regalos, se conforman con recibir un beso y abrazo por lo que sacan de la cama a sus padres. En está ocasión y en el futuro, no será así, pues no habrá más Navidad sin regalos. La abuela Amy está en cocina preparando el café, huevos, tostadas, sorullitos de maíz y avena para el desayuno. Llama a la familia a que entre al comedor a desayunar. Los padres de Phillip se alimentan con lo que cosechan en su terreno. Poseen caballos, vacas, conejos, cabras, gallinas, gallos etc. También cultivan vegetales y árboles frutales. George se asoma por la ventana y ve varias vacas y caballos. Va donde su abuelo para decirle que quiere acercarse a los caballos para verlos. Su abuelo le contesta "Cuando te desayunes mi hijito iremos para que veas los animales y te montes en uno". Todos se van a disfrutar del rico menú que ha preparado para ellos doña Amy. Los niños nunca habían saboreado la comida de su abuela y quedaron encantados con los sorullitos de maíz. Cuando terminan, Phillip y Nélida sorprenden a los niños, sus padres y Esteban con regalos que le trajeron en la maleta. Los niños están felices, pues nunca recibían regalos por la situación económica de sus padres en el pasado. Cada vez que uno de ellos abría el suyo, todos los demás celebraban. Esta mañana navideña será inolvidable para la familia.

George sale a la finca con su abuelo Bratt, mientras doña Amy lleva a sus dos nietas mayores al patio para mostrarle la variedad de flores que ha sembrado. Mientras tanto, los demás niños se divierten con Dover, un perro juguetón. Phillip y Nélida dialogan con Esteban sobre los años cuando eran niños y como disfrutaron de su adolescencia en Otado.

Cae la tarde y doña Amy ha preparado la cena de Navidad; arroz con gandules, pasteles con carne de cerdo, tembleque de coco, coquito y refresco de ajonjolí. El vecino se enteró de la visita de la familia y le regaló el típico lechón asado y morcillas para agasajarlos. Todos en la mesa disfrutan de la rica comida y cuentan sobre sus experiencias durante el día. Cae la noche y Nélida prepara a sus pequeños para dormir.

Kirby se lleva a Dover para la habitación, pues piensa que es de ella y que se lo llevará para su casa.

Al día siguiente se preparan para ir a pasar unos días junto a la madre de Nélida, quien vive a pocas millas de don Bratt y doña Amy. Ya montados en la camioneta de Esteban, Nélida descubre que Kirby tiene al perro Dover en su falda. Procede a bajar la mascota y llevarla a su suegra quien se ríe a carcajadas, la niña comienza a llorar. Nélida la consuela con un abrazo y le dice que Dover se pondrá triste si lo sacan de su hogar, y le promete comprarle una mascota cuando regresen a su casa en Nueva York.

Llegan a la casa de doña Angelina, la madre de Nélida, quien no sabe que su hija y familia viajaron a Puerto Rico. Angelina es viuda, pues Doug murió hace unos años. Madre e hija se abrazan fuertemente por un rato y lloran, pues hacía muchos años que no se veían. Phillip también le da un fuerte abrazo a su suegra, ésta se emociona más aún cuando ve a sus nietos. Toma en sus brazos a Zacharie, la más pequeña y le dice ¡"Que nieta preciosa yo tengo"! Mira a su alrededor y abraza y besa a los demás nietos ¡"Todos son hermosos, que grandioso regalo de Navidad he recibido"! En la casa de la abuela Angelina ya no hay mascotas, pero muy cerca de la casa hay un río del cual toda la familia disfruta. También saborean los platos especiales que ella le prepara, además del arroz con dulce, los *limbers* de coco y frutas naturales.

CAPITULO XL

Semanas más adelante, al caer la tarde Phillip recibe una llamada de Stuard en la cual le informa que terminó de remodelar su casa y que Martined se encargará de hacerle entrega de la llave. Luego de haber disfrutado unos días en casa de doña Angelina, llegó el momento de partir. Nélida habla con su madre y le dice "Mami, me gustaría que vinieras a vivir con nosotros en Nueva York, estas sola en esta casa". Doña Angelina sonríe y le contesta "Hija dame unos días para dejar todo en orden, te llamaré cuando esté lista para viajar. Me gusta la idea de disfrutar de mis nietos que son tan amorosos y no se despegan, especialmente los más pequeños." Los niños no la conocían físicamente pero Nélida siempre le hablaba de ella y le mostraba sus fotos. La familia se despide de doña Angelina muy contentos y entusiasmados porque saben que ella pronto irá a estar con ellos.

Llegan a la casa de los padres de Phillip, donde permanecerán hasta el día de partir a su hogar. Phillip recibe la llamada que esperaba de Martined Wayne. "Hola Phillip, te llamo para decirte que pueden regresar a su casa cuando deseen. Ya Stuard finalizó el trabajo de remodelación y espero que le guste. Déjame saber el día y hora que llegan para entregarle la llave de su hogar". "Gracias mi amigo, estaré comprando los boletos de regreso hoy para llegar mañana en la tarde. Me comunicaré con usted para decirle la hora exacta de nuestra llegada". Phillip le comunica a la familia que regresarán a casa en el día de mañana y Nélida rápidamente les solicita a George y a sus dos hijas mayores que comiencen a preparar su equipaje. Phillip se comunica con su cuñado Pierce para solicitarle que los recoja en el aeropuerto. Al día siguiente se despide la familia Jackson-Ville de don Bratt y doña Amy quienes están agradecidos, ya que pasaron unos días muy felices junto a Phillip, Nélida y sus nietos. Parten de regreso a Estados Unidos, donde le espera comenzar una nueva vida.

A su llegada ya Pierce les espera y Phillip se comunica con Martined para informarle que ya están en el aeropuerto. La familia está muy emocionada y ansiosa por llegar a su hogar. Pierce le cuenta que ya vio el trabajo de remodelación, pero no quiere darle detalles.

Ya frente a su casa, quedan sorprendidos al ver el cambio externo, no se parece a la casa que dejaron al salir hacía Puerto Rico. Ven que llega Martined junto a Cloe y todos corren hacía ellos para saludarlos. Martined le hace entrega de la llave a Phillip y le dice, "Le hago entrega de la llave de su nuevo hogar, de hoy en adelante disfrutarán de una mejor calidad de vida. Al entrar, la familia se queda muy impresionada al pasar por cada habitación que ha sido reparada y amueblada con buen gusto. La decoración se hizo tomando en consideración que hay niños en el hogar. Cloe toma a Douglass en sus brazos, pues no solamente le tomó cariño a George la primera vez que lo vio por el parecido con su hermano, sino también a todos los demás hermanos. Ella nunca tuvo hijos, pues es estéril, por lo que se dedica a hacer obras benéficas a niños y los Jackson-Ville tuvieron la gracia al ella conocer la historia de George. Al ser multimillonarios, decidieron que adoptarían esta familia con tantos niños y así poder disfrutar de su compañía. Nélida y Phillip lloraban desde que hicieron su entrada a su nuevo hogar y agradecen a Martined y Cloe constantemente.

Martined llama a parte a Phillip para hacerle una oferta de empleo. "En estos momentos necesito un chofer, por lo que te ofrezco la posición, además de la posición de mensajero en una compañía que poseo". Phillip muy conmovido le agradece, pero le explica que trabaja para Edd administrando uno de sus restaurantes. "Bueno, pues solamente falta que les haga miembros vitalicios de mi franquicia para ir a ver los juegos de mi equipo". "Martined, esto es demasiado", responde Phillip. "Me siento bien haciendo todo esto, pues yo he sido afortunado en tener dinero en la vida, y usted en tener una familia hermosa" le contesta Martined. Luego de terminar de mostrarle toda la casa a los Jackson-Ville, los Wayne se despiden muy contentos de haber cumplido esta misión y son escoltados hasta fuera por todos. Se marchan del lugar sintiendo la humildad, el calor y el agradecimiento de aquella familia.

Al partir los Wayne, los Jackson-Ville se disponen a entrar para disfrutar de su nuevo hogar cuando aparece frente a su casa una limosina blanca. Miss Mary se había enterado por Pierce que habían regresado de Puerto Rico y llegó junto a un caballero. Ésta se confunde en un abrazo con todos los miembros de la familia. "Saben que le tengo mucho cariño a todos ustedes, se dirige a Nélida y Phillip, "Shirley y Shannyn me han contado que ustedes tenían un sueño de terminar sus respectivas carreras de Pediatra y Abogado. Por las circunstancias de la vida hasta el momento no han podido. Hoy les traigo una sorpresa, este caballero es el presidente de una prestigiosa universidad, su nombre es el Dr. Anthony Burke y viene hacerle entrega de un regalo". Nélida y Phillip se miran asombrados. El Dr. Burke se dirige a ellos, "Phillip y Nelida Jackson, Miss Mary fue profesora en nuestra universidad por muchos años, aún continúa laborando como voluntaria y es muy querida en el Recinto. Ella me habló de ustedes y actuando de acuerdo a la política de la universidad tomé la decisión de otorgarle una beca a cada uno de ustedes para que completen los requisitos para obtener su diploma en la profesión que han soñado". Nélida y Phillip no salen de su asombro mientras el presidente de la universidad le hace entrega de las becas. Ambos comienzan a llorar de alegría nuevamente y abrazan a Miss Mary fuertemente y la invitan a hacerle una visita a su nuevo hogar. También abrazan y agradecen al Dr. Burke y se ponen a su disposición para convertirse en personal de apoyo en las actividades de la universidad. Miss Mary y el Dr. Burke se despiden y se marchan.

Nélida y Phillip se abrazan y van entrando al hogar con el resto de la familia. Nélida le expresa a su amado esposo que se sentía feliz, porque a pesar de todas las situaciones difíciles que pasaron todos, hoy celebran con júbilo. Sobretodo la sonrisa carismática de su hijo George, que fue el protagonista de situaciones que redundaron en beneficio para la familia.

Ya dentro de la casa comienzan a disfrutarla y cada miembro se prepara para unirse en el mini-cine familiar con butacas reclinables para juntos ver una película. Faltaba por llegar George, por lo que su padre lo llama. Éste viene corriendo, con la intención de tirarse encima de una butaca. Como todas las butacas están juntas, en ese momento Nélida oprimió el botón para reclinar hacía atrás, cayendo él fuera de la butaca, en la parte trasera. Esto provocó la risa y carcajadas de todos y así termina esta linda historia.

Made in the USA
Columbia, SC
26 July 2023

20716341R00062